Key Technologies of Manufacturi

OPTIMAL ALLOCATION

制造资源优化配置关键技术

张海军　闫　琼 / 著

知识产权出版社
全国百佳图书出版单位
——北京——

图书在版编目（CIP）数据

制造资源优化配置关键技术/张海军，闫琼著. —北京：知识产权出版社，2024.1
ISBN 978 – 7 – 5130 – 7302 – 8

Ⅰ.①制… Ⅱ.①张… ②闫… Ⅲ.①制造工业—资源配置—研究—中国 Ⅳ.①F426.4

中国版本图书馆 CIP 数据核字（2020）第 223016 号

责任编辑：兰　涛　王海霞　　　　　　责任校对：谷　洋
封面设计：郑　重　　　　　　　　　　责任印制：孙婷婷

制造资源优化配置关键技术
张海军　闫　琼　著

出版发行：知识产权出版社 有限责任公司		网　　址：http://www.ipph.cn	
社　　址：北京市海淀区气象路 50 号院		邮　　编：100081	
责编电话：010 – 82000860 转 8325		责编邮箱：lantao@cnipr.com	
发行电话：010 – 82000860 转 8101/8102		发行传真：010 – 82000893/82005070/82000270	
印　　刷：北京中献拓方科技发展有限公司		经　　销：新华书店、各大网上书店及相关专业书店	
开　　本：720mm×1000mm　1/16		印　　张：13.5	
版　　次：2024 年 1 月第 1 版		印　　次：2024 年 1 月第 1 次印刷	
字　　数：235 千字		定　　价：68.00 元	

ISBN 978 – 7 – 5130 – 7302 – 8

前　言

　　制造业是国民经济的物质基础和支柱产业，是衡量国家综合国力和竞争力的重要标志。随着客户对个性化产品需求的增加和科学技术的飞速发展，对制造资源管理的透明性和灵活性提出了新要求。制造资源的异构性、地域分布性和管理多重性，给制造资源管理带来极大挑战。为此，学者们主要通过研究制造资源服务封装、信息服务、服务质量（Quality of Service，QoS）和资源优化配置等应对挑战。但对制造资源管理中的经济现象与资源价值研究不足，尚未构建系统的理论和方法，主要体现在以下方面：①制造系统中的资源如何交易和定价？如何保证资源信息的可信度？②制造资源管理系统如何实现资源预留，特别是高效地实现联合预留？③如何保障制造 QoS 而执行资源调度作业？④在工业物联网和云计算等新一代信息技术的驱动下，虚拟空间和物理空间中的制造资源如何映射、融合和智能化配置？

　　本书围绕以上制造资源优化配置研究中存在的问题，在深入研究制造网格环境下资源管理的基础上，提出了制造资源管理体系架构。根据此架构，设计了支持多种资源交易模式的制造资源市场平台，并系统分析了制造资源市场中的各种经济现象。针对这些经济现象和制造资源的特点，提出了制造资源管理整体解决方案。本书的主要研究工作如下。

　　（1）分析了制造网格资源管理中涉及的经济学原理和制造网格市场特征；构建了制造网格资源市场模型；设计了制造网格资源市场技术堆栈图和基于网格中间件的资源管理系统具体实现框架；构建了四种常用的制造网格市场交易模型；设计了资源共享流程。

　　（2）提出了基于精炼贝叶斯均衡的制造网格资源交易诚信机制，并对该机制进行建模、求解和分析；对该诚信机制进行仿真实验和结果数据分析。

　　（3）提出了基于混沌量子进化的制造网格资源调度算法。研究制造网格

1

资源管理对 QoS 的需求；设计了制造网格 QoS 的层次结构模型；设计了混沌量子进化算法，对满足用户 QoS 需求的制造网格资源调度进行研究，进行多方面的算法性能仿真测试。

（4）提出了基于数字孪生的制造资源管理框架和基于 AutomationML 的赛博物理生产系统信息建模技术。通过数字孪生技术使物理车间与虚拟车间相互映射，在生产过程中，虚拟车间实时地监控物理车间的运行状态，并根据物理车间的实时状态仿真、预测优化，从而指导物理车间的生产。提出数字孪生驱动的智能车间动态资源优化配置策略，实现面向智能制造的动态资源优化配置。通过基于 AutomationML 的赛博物理生产系统信息建模，实现制造资源的虚实融合和交互。

（5）随着各种先进的制造技术、管理技术、信息技术与系统技术的不断应用，制造业针对不同的竞争重点，采用不同的竞争策略，产生了层出不穷的先进制造系统模式，对制造资源管理有不同的要求。由于每一种先进制造系统模式的出发点和侧重点不同，因此对于众多的先进制造系统模式，必须从本质上理解其内涵、原理及特征，把握其关键技术和实施方法，这样才能决定实际的制造系统采用或借鉴什么样的制造系统模式来经营、管理和优化利用各种资源，以获取系统投入的最大增值。为了更好地理解先进制造系统，从制造系统整体的角度出发，着重介绍若干典型的先进制造系统模式的相关概念及其实现的关键技术，作为先进制造系统的实例。

本书是以现代制造技术的前沿性、综合性、交叉性和适用性为原则，根据笔者多年从事先进制造技术领域的研究成果，同时参考该学科发展的最新相关文献撰写而成的，并得到了国家自然科学基金青年科学基金（项目号：51705472）、教育部人文社科项目（项目号：19YJCZH209）、航空科学基金（项目号：2015ZG55018）、河南省科技攻关计划（项目号：202102210076）、河南省高校青年骨干教师资助计划（项目号：2018GGJS109）、河南省高等学校重点科研项目（项目号：20B460015）等的资助。

本书所讲内容为智能制造的关键技术之一，涉及面广，其相关理论、方法、技术与应用正处于不断完善和丰富中。尽管书中的内容为作者多年来从事制造资源优化配置研究和教学的总结与体会，但由于水平有限，错误和不足之处在所难免，恳请读者批评指正，并希望在与读者交流的过程中得到新的知识和力量，同时对本书所引用文献的作者表示衷心的感谢。

目　录

第1章　制造网格资源管理基础

"制造网格资源管理"是指控制制造网格资源和服务怎样向用户或者代理提供各种功能的一组操作。资源管理关心的不是资源和服务的核心功能，而是这些资源和服务的执行方式、控制策略等。在制造网格环境下，越来越多的复杂应用需要更高层次的资源控制，资源管理的功能必然会渗透到制造网格的基础设施中，本章将系统地分析广泛适用的基本制造网格资源管理功能，构建一个通用的制造网格系统架构，作为后续章节研究内容的技术体系支撑架构。

1.1　制造网格资源的分类

在制造业中，传统意义上一般将"资源"理解为某种物理实体，如机床、模具、生产线等。而本书中的资源表示的是企业产品完整生命周期内所有生产活动的物理元素的总称，它不仅包括物理实体资源，还包括可数字化的设计服务、报价服务、物流服务等。因此，"资源"的概念中包含"服务"，这也是为了与面向服务的制造网格体系结构保持一致。

制造网格资源的种类很多，功能各异，共享方式（免费的和收费的）和交易方式（固定价格、协商价格等）也各不相同。为了统一制造网格资源管理，需要对资源进行分类研究，便于提供相应的发布封装模板。按照资源的类别，前期研究工作将制造网格资源分成九大类，如表 1-1 所示，在第 4.1 节中将依此分类进行资源本体描述。

制造网格资源比网格计算资源的类型复杂得多，除具有网格计算资源的特点外，其还有分布性、自相似性、管理的多重性、动态性、高度抽象和透明性等特点。制造网格资源的特点决定了制造网格资源管理系统应当屏蔽资源的异构性，保证资源的服务质量（Quality of Service，QoS），实现资源的本地管理机制和策略，确保资源提供的收益。

表 1-1　制造网格资源分类

名　称	说　明	实　例
设备资源 （equipment resources）	制造活动中所需要的具有某种功能的物理设备	机床、夹具、量具等
人力资源 （human resources）	制造活动中所需要的具有某种操作、管理和技术能力的人	设计人员、工艺人员、管理人员、营销人员等
技术资源 （technology resources）	制造活动中所需要的技术性资源或条件，是制造过程中固化的设计图纸、设计流程、工艺流程、管理流程和营销流程等的集合	设计图纸、设计流程、工艺规划流程等
物料资源 （material resources）	制造活动中所需要的物理材料、半成品和成品等	毛坯、零部件、原材料等
应用系统资源 （application program resources）	应用系统是在制造系统的整个生命周期中用到的所有软件资源的集合，可从功能的角度细分为设计系统、分析系统、仿真系统、虚拟现实、三维展示系统和管理系统等	SolidWorks、Pro/E、CAD、UG、PDM、ERP、CTRM 等
公共服务资源 （public service resources）	为资源使用者提供各种信息的咨询、培训和维护等	国际标准、国家标准、行业标准、企业标准等
用户信息资源 （user information resources）	记录资源提供者和资源使用者的一些基本信息。如资源提供方的信誉度、规模、员工数量、固定资产、产品特点等，为以后的资源评估、发现和调度提供依据	企业、会员等
计算资源 （computing resources）	MGrid 环境下计算机的 CPU、存储器等资源也将成为制造资源的一部分，这种资源已超出了传统制造资源的范畴，因此这里将这类资源作为一类包括在制造资源中	CPU、存储器、带宽等
其他资源 （other resources）	如记账信息、日志信息和公共信息等未被包括在上述资源类型中的所有其他资源的集合	记账信息、日志信息等

1.2   制造网格资源管理目标与功能

制造网格资源管理的任务就是把在地域上分散的各种资源管理起来，使多个资源需求者可以共享调度制造网格系统中的所有资源，资源需求者可以根据任务需要同时或先后使用多种资源。第 1.1 节中指出制造网格资源包含产品完整生命周期内所有生产活动的物理元素。因此，在一个制造产品全生命周期的过程中需要考虑的决策目标就是制造网格资源管理的目标。本书将具体对制造产品全生命周期中所涉及的时间（time）、质量（quality）、成本（cost）、服务（service）、环境（environment）等目标进行分析。

如图 1 - 1 所示，制造网格是利用网格、计算机、信息和先进制造等技术的一种先进制造模式，通过有效的资源管理手段，从经营、技术、组织等方面协调和优化企业的物流、信息流和价值流，从而实现时间最少、质量最高、成本最低、服务最好及环境友好（TQCSE）的资源优化配置，进而提高企业的竞争能力和应变能力。

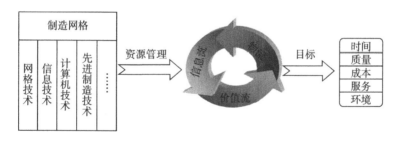

图 1 - 1   制造网格资源管理目标形成过程

制造网格的核心优势在于它能发现、调度并协商使用各种制造资源。本书用"资源管理"这个术语来概括这一过程：描述资源功能、发现资源功能、预留资源功能和调度资源功能，如图 1 - 2 所示。

（1）描述资源功能。资源提供者需要将所拥有的资源进行封装发布到制造网格市场中，用户或者资源代理才有机会寻找到其资源，让资源需求者知道其所提供的资源能力以及限制条件；而资源需求者则必须根据任务来描述所需资源的要求，如名称、性能、数量等，让资源提供者知道资源将用于什么目的

（详见第4.1节）；以上两类资源描述信息将由制造网格信息服务器统一组织和管理（详见第4.2.1节）。

（2）发现资源功能。在制造网格市场中，资源发现是资源提供者和资源需求者之间的桥梁。对资源的需求信息与资源的提供信息进行搜索和匹配，在大量的资源信息中，为资源需求者提供可供选择的候选资源（集）（详见第4.2.2节）。在制造网格资源管理中，搜索和匹配通常交织在一起：识别可能的资源，然后详细匹配制造网格市场中的资源是否满足需求。

（3）预留资源功能。在制造业中，如果希望协调两种或多种资源的使用，那么预留是非常重要的。发现资源并不意味着资源提供者的任何承诺，需要协商、确保资源节点在该时间段内执行调度。预留资源功能使资源提供者知道未来所拥有的资源如何使用、收益如何，从而提高资源的使用率和经济效益，并保证制造网格的 QoS。一般情况下，制造任务可能需求多个资源来执行，因此多个资源的联合预留是常见的，针对这种情况，本书将在第5章中详细阐述。

（4）调度资源功能。按照制造任务对资源的使用策略，协调所需资源，执行提交的任务。在资源极大丰富的制造网格市场中，调度资源功能需要考虑如何从多种可用的候选资源中选择一种或多种合适的资源来执行任务（详见第6章）。

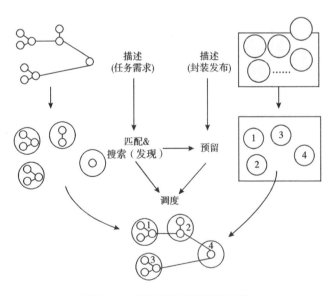

图1－2　制造网格资源管理过程

1.3　制造网格资源管理策略

在传统的计算系统中，资源管理得到了较为深入的研究。资源管理器存在于很多计算环境中，包括批处理调度器、工作流引擎和操作系统。这些资源的类型简单、控制策略单一，因此资源管理器能够独立执行高效利用资源所需的机制和策略。然而，在制造网格环境下，资源的交易方式和使用方式千差万别，管理这种环境下的资源难度较大，需要分析制定制造网格资源管理策略，为制造网格系统的结构设计提供指导。

目前，众多学者已经对网格计算的资源管理策略进行了研究，本书将其分为三大类，从中找出适合制造网格环境的资源管理策略。

1. 集中式的资源管理

集中式的资源管理，如 Legion、Condor、AppLes、PST、NetSolve、PUNCH、XtremWeb 等，当执行用户提交的任务时，由网格系统使用相同的规则将子任务分配给适当的资源节点。它们的目标是增强系统的吞吐量和缩短完成时间，不考虑资源的价格因素，或者资源定价形式固定、单一。该策略的优点是实施起来简单有效，这也是网格计算研究者首选该策略的原因之一；缺点是集中式的资源管理会成为网格系统的一个性能瓶颈，同时资源的价值没有得到充分体现。有人建议建立双网格资源管理器来解决性能瓶颈和可靠性差等问题，但是随着网格规模的扩大，这种方法也不能从根本上解决上述问题。

2. 分布式的资源管理

在分布式的资源管理中，没有统一的中央资源管理者。不同用户对 QoS 的需求不同，由资源需求者指定子任务的优先级、所需资源数量、完成期限和总预算等相关参数，资源提供者也可以根据自己的策略，接受或者拒绝某些资源的请求，而资源管理系统则根据这些参数发现候选资源节点，并优化组合方案。近年来，不少学者将经济学引入网格计算环境中。通过在网格计算环境中建立一个资源市场，利用市场机制调节供求关系和资源价格，为资源管理提供一个市场化的可行性方案。这不仅保证了资源需求者的效用，而且给资源提供者提供了灵活的管理方式，也增加了其收益。

3. 复合式的资源管理

顾名思义，这种方式是集中式和分布式资源管理策略的综合。它包含一个全局资源管理器和若干个本地资源管理器。资源管理过程分为两个阶段：先由全局资源管理器采用集中管理的方式，在当前满足任务需求的候选资源中选择合适的资源来执行任务；当任务分配到本地资源后，再由本地资源管理器采用自定的管理策略进行执行管理。显而易见，这种管理策略经过了两层资源管理，这种情况在制造网格环境中是不存在的。在制造网格系统中，网格节点有两种形式：一是单个物理资源作为一个节点，二是以一个企业的形式（如提供设计、加工、物流多种服务）作为一个节点。制造网格系统只负责将任务分配到网格节点上，不关注企业内部如何进行第二次资源优化配置，因此制造网格环境中不存在两层资源管理形式。这也是由制造资源特点决定的制造网格特性，明显不同于网格计算的管理方式。

结合制造网格资源的特点和资源管理目标，本书认为分布式资源管理策略是最适合制造网格环境的。在对制造网格的研究日渐深入的今天，将经济机制引入制造网格资源管理研究中已迫在眉睫。经济机制与分布式资源管理的融合，为制造网格的市场化运作提供了基础。在这种策略中，用户根据所使用资源的数量、质量和时间等因素支付相应服务费用，资源的价格也由市场来决定。

1.4　制造网格资源系统架构

明确了制造网格资源管理中的基本概念后，本节将提出一个通用的制造网格系统架构（见图1-3）。该架构有两个作用：标示出制造网格系统的构成，描述各个部分的功能、目的和特点；描述制造网格系统中各个组成部分之间的关系，分析如何将各个部分有机地结合在一起，从而保证制造网格有效地运转。下面对该架构的功能分别进行阐述。

（1）资源层。其基本功能是将局部资源封装成可供网格应用层共享的全局资源：在物理资源端，提供该节点资源的调用接口；Web服务则定义对资源的各种功能操作，并提供标准化的访问和管理接口。可以使用服务本体 OWL – S 和制造网格资源本体来描述 Web 服务（详见第 4.1 节）。Web 服务和物理制造资源的结合就是一种 Web 服务资源（WS – Resource），这是一种符合基于 Web 服务资源框架（WSRF）的网格服务，屏蔽了资源的异构性并富含语义。

（2）核心中间件层。核心中间件层也称为网格服务容器，它是一个符合 WSRF 的网格服务基本运行环境，将被预先部署在每个网格节点上。制造网格核心中间件实质上是一个扩展的 Web 服务容器，但是，语义网标准为 Web 服务容器提供了处理语义信息的能力。因为所有的 Web 服务都是由清晰、规范的语言描述的。

（3）公共服务层。这是一组为整个制造网格系统应用提供共性操作的服务群，包括信息服务、数据服务、任务管理和语义服务。其中，语义服务包括三个组成部分：①提供制造资源本体库和服务本体库；②提供应用程序与本体库交互的应用程序接口中（API）；③提供本体推理机、本体匹配引擎和 OWL – S 编辑器。

（4）制造服务层。在制造网格公共服务层的基础上，开发了与制造网格应用系统相关的基于代理的智能工具包，包括基于制造网格的产品数据管理（Product Data Management，PDM）、协同工具集（协同设计服务、协同制造服务、协同商务服务）、供应链管理系统、远程设备控制与诊断系统、可视化用户接口工具等。

（5）制造应用层。借助领域相关的编程模型（如 CORBA、COM、JavaBean 等）和人机交互机制为制造网格应用提供人机界面，如可视化组件 Portlet、Servlet 等。采用 OWL – S 和 Web 服务建模本体（Web Service Modeling Ontology，WSMO）作为制造网格服务的描述语言，以增加服务语义信息，指导服务注册和发现过程。OWL – S 将联合 OWL 和 Web 服务描述语言（WSDL）来共同描述制造网格服务；WSMO 使用 F 逻辑（F – Logic）来执行服务的推理。同时可利用 Portal Lab Toolkit 建立知识型的制造网格门户。

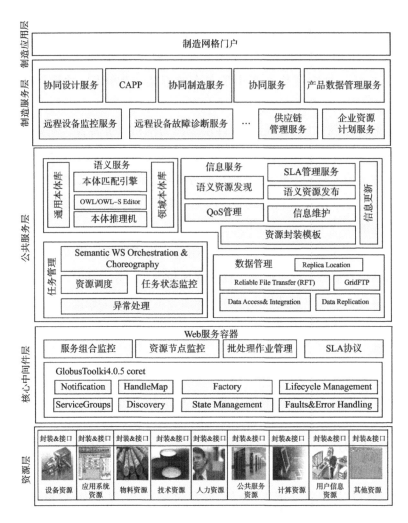

图1-3　制造网格系统架构

1.5　本章小结

资源管理是制造网格技术的核心，其相对网格计算来说更具复杂性。本章首先分析了制造网格资源的特点，总结了制造网格资源的管理目标。然后，具体分析了制造网格资源的四种管理功能，并将此作为本书后续章节的阐述对象。最后，分析了各种网格资源管理策略，提出制造网格资源管理应采用分布式的结论，并以此设计了一个制造网格系统架构。

第2章 制造网格经济学分析

2.1 制造网格经济学定义

北京航空航天大学张兴华指出虚拟组织中涉及的经济方面的问题不容忽视。在制造网格系统中,大部分资源共享是有偿的,在不同的时间,不同的用户使用不同资源的费用是不同的,体现出制造网格系统的灵活性和市场性。制造网格系统将价格作为资源的一种属性,在资源需求者或任务代理寻找资源时,价格参数可以作为一个重要的经济性指标。制造网格系统还要提供付款、收费告知、保障信息安全隐私等功能。

制造网格经济学是将制造网格资源市场作为研究对象的经济学,或者说是以制造网格运行中的经济现象为研究对象的经济学。应用微观经济学理论,对制造网格市场中的资源交易过程进行微观经济分析,目的是为制造网格资源管理研究奠定良好的经济学基础。

1. 个人效用最大化(utility maximization)

这是西方经济学中一个重要的假设前提,指的是一个人在遵守法律、道德规范且不影响他人利益的基础上,综合各种因素,选择自己能得到最大利益或者最符合自己利益的情况的行为。在制造网格市场中,资源消费者就是想以尽量低的价格,购买质量好的或者附加值高的产品。

2. 有限理性(bounded rationality)

诺贝尔经济学奖得主西蒙将有限理性定义为"有达到理性的意识,但又是有限的"。由于所处环境的约束和自身计算能力的限制,人们不可能知道全部候选方案,不可能把所有参考因素都考虑到一个效用函数中。在制造网格市

9

场中，大量的资源信息让用户眼花缭乱、无所适从，因此系统应能帮助用户做出决策，特别是在制造任务较为复杂时。在实际中，用户会根据自身状态以及偏好选择自己最满意的资源，而非最好的资源，即最满意的不一定是最优的。为此，本文提出满足 QoS 约束的制造网格资源调度（详见第 6 章），按照可供选择策略对方案进行排序，突破个人理性的局限性。

3. 需求偏好的多样性（preferences diversity）

偏好是指资源消费者和资源提供者按照自己的意愿对资源进行组合、排列。经济学者指出，人类的需求偏好是多样化的和复杂的。不同的用户，甚至同一用户对不同的任务所需求的资源功能、性能、成本等都有不同考虑。在收入水平和价格水平既定的条件下，需求偏好对资源的组合、排列起着主要的作用。网格 QoS 可定义为一组服务集合的性能参数集，武汉理工大学陶飞博士将制造网格 QoS 的研究拓展到非性能方面，如 Trust – QoS，该参数集决定了用户对服务的满意程度。因此，网格 QoS 是经济学中"需求偏好"在网格技术中最好的诠释。

制造网格应用对 QoS 的要求比计算网格更高，有下面两种网格 QoS 应用。①资源预留（适用于复杂的工作流）：根据某工作流对 QoS 的要求来分配制造资源，特别是对于一些稀缺的制造资源（详见第 5 章）；②服务水平协议（Service Level Agreement，SLA）（适用于差分服务）：以制造资源 QoS 属性为评价标准，以 SLA 为约束条件，通过资源调度算法为资源消费者提供有质量保证的制造服务。当资源需求者有更强烈的服务要求时，制造网格资源管理系统会给予优先处理。这样既能满足用户的需求，又能提高资源提供者的收益。

4. 机会主义倾向（tendency to opportunism）

机会主义倾向指的是人们借助不正当手段谋取自身利益的行为倾向。机会主义倾向实际上是对追求个人效用最大化假设的补充。当然，这并不意味着所有的人在所有的时间都以机会主义方式行事，但总有一些人有些时候会采取这种行为使自身的效用最大化。为此，本书从社会契约论的角度分析资源提供者与资源需求者之间的关系，提出基于精炼贝叶斯均衡的制造网格资源交易诚信机制（详见第 3 章），使制造网格资源调度达到次优状态。

5. 范围经济（economics of scope）

范围经济是指为了满足消费者个性化的需求，在差别产品、灵活制造、小批量生产的基础上形成的规模经济。当一个企业通过调整其全部的生产要素扩大输出从而降低平均生产成本时，它就实现了规模经济（economies of scale）；然而，当继续扩大经营规模时，它将变为规模不经济（diseconomies of scale），如图 2-1 所示。当企业能够生产两种以上的产品时，它就实现了范围经济。通常来说，范围经济与单一规模经济相比可获得较高的经济效益。因为为客户定制具有独特性的产品，意味着可以相对掌控产品的价格。个性化需求的形成要求生产企业必须适应快速变化的市场情况，具有敏捷、柔性的生产能力，从而提供差别产品。制造网格作为一种灵活的制造系统，更加突出发展企业的核心技术，使企业的竞争力建立在特色产品和服务上；针对变化莫测的市场，对资源进行快速重组和有效管理，从而实现范围经济。

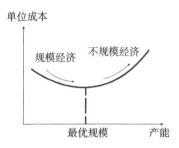

图 2-1　范围经济示意

6. 市场理论（market theory）

前面是将资源提供者和资源需求者分开进行分析，而市场理论是把两者作为相互作用的整体进行研究。研究不同市场结构下产品价格和产量以及厂商如何根据市场价格和生产成本组织生产，以实现利润最大化或者成本最小化。在制造网格市场中，资源需求者通过购买资源来满足他们的需求，资源提供者则通过提供资源和服务来获取收益，但无论是资源需求者还是资源提供者，都必须通过网格市场中介来达到各自的目标。为此，本文提出各种适合制造网格的资源交易模型（详见第 2.4 节），作为制造网格环境下资源交易的运行机制。

7. 帕累托最优（Pareto optimality）

帕累托最优指的是不可能通过资源的重新配置，达到使某个人的境况变好而不使其他任何人的境况变差的结果。在图 2-2 中，曲线 PP' 上的点表示在既定技术水平等社会约束条件下充分利用各种社会资源实现两种产品 R_1 和 R_2 产能最大化；曲线 PP' 与社会无差异曲线 WW 的交点 O_B 表示社会产出与社会偏好一致，实现社会资源效用最大化。由 O_A 和 O_B 作为顶点的矩形称为艾奇沃斯框图（Edgeworth box），I_A 和 I_B 表示的是两个资源需求者的无差异曲线，点 E 是曲线 I_A 和 I_B 的交点，曲线 $O_A O_B$ 是由无数个点 E 组成的，也称为"帕累托最优曲线"，即曲线 $O_A O_B$ 上的点代表资源的最优配置。

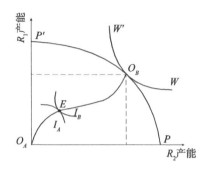

图 2-2　帕累托最优

西北工业大学的吕北生、石胜友等定义了制造网格市场中帕累托最优的资源配置均衡条件，在资源市场均衡价格下，可实现资源提供者收益最大化、资源需求者效用最大化和资源市场供需平衡。北京科技大学刘丽等根据纳什均衡原理，给出时间优先、费用优先、时间 – 费用优先三种调度算法。

2.2　制造网格市场

制造网格市场是实现制造资源共享的基础，包括制造网格系统、资源需求者、资源提供者、制造资源与服务、从事交易活动的在线市场。从交易机制上看，制造网格市场是资源交易的中介；从社会学角度看，制造网格市场是一个由资源提供者、资源需求者、资源代理、第三方、银行等参与者构成的社区。从市场特征来看，制造网格市场与完全竞争市场之间有着非常类似的特征，但制造网格市场的信息不对称问题较传统市场更加严重，因此远未达到完全竞争市场的交易效率。

2.2.1　制造网格市场的特征

制造网格市场同互联网虚拟商品市场一样，具有以下特征。

（1）制造网格市场是一个虚拟的市场，不需要实体店面，只需聘用较少的工作人员，其与实体资源并存、相互促进，创造自己的品牌和高信誉度。当然，制造网格系统要保障交易信息的安全和保护个人隐私。

（2）资源交易不受空间的限制。可以解决传统市场中由于价格离散而引起的搜寻成本问题。制造网格提供的搜索功能，能使资源需求者迅速地获得所需资源的信息，并进行价格、质量的比较，这无疑会降低因寻找资源而造成的交易成本。

（3）资源交易不受时间的限制。制造网格市场可以做到一天 24 小时、一年 365 天提供服务，也就是说，企业可以不间断营业，特别是对于数字产品和技术信息服务，在某种程度上人与计算机之间可以交互完成。

（4）资源交易方式灵活。制造网格市场提供交易双方的沟通途径和交易方式，资源需求者可定制自己的需求资源，可以主动地在市场中寻找满足自己偏好的资源，在资金和时间的约束下使资源需求者的效用最大化。

（5）制造网格市场是快速交易的市场。买卖双方可以实时互动，即时交流信息，同时进行产品交付、交易结算；制造网格可以动态的方式收集、处理大量资源信息，高效地调度资源。因此，制造网格市场的交易是快速、高效的。

（6）制造网格市场是产品技术创新的市场。企业通过网格系统便捷地建立虚拟组织（Virtual Organization，VO），通过与遍布全球各地的研发机构、制造单位、供应商、销售商合作，寻求资源的最优配置，快速实现新产品的研发、制造、上市等。

（7）制造网格市场是一个竞争更加充分、垄断难以持久的市场，信息的广泛性和容易获得性，使竞争对手很难拥有信息不对称带来的竞争优势，所以在制造网格市场中，垄断往往只是暂时的，这将迫使企业不断提升其竞争力。

（8）制造网格市场有利于中小型企业的发展。在知识经济时代，产品更新速度大大加快，而且产品是差异化、个性化的，这对于大中小型企业来说都是一样的，中小企业可以通过网格市场扩大自己的影响，将产品销售到全球各地。

2.2.2 制造网格市场模型

制造网格资源市场使可供选择的资源信息都得以集中展示，有效地检验各企业的资源实力，自然而然地形成一种市场化的优胜劣汰企业对比和选择机制，极大地降低了组建和解散组织的交易成本。同时，制造网格资源市场可形成一种公开竞价的市场化定价机制，促进企业之间的公平竞争，降低了 VO 运行成本，提高了生产效率。

如图 2 - 3 所示，制造网格市场作为一个公共交易平台，为交易双方提供交易场所、指定交易规则和提供支持交易的网络设备，并通过这一平台将卖方及销售信息、买方及购买信息汇集在一起，直接进行资源搜索和交易，并管理匹配买卖双方需求的复杂过程。侧重于对交易有关数据的收集、整理和分析，为交易者提供有关交易的信息服务，同时也可以为交易提供一定程度的担保，如 eBay 为拍卖提供有限担保、淘宝的先行赔付等。

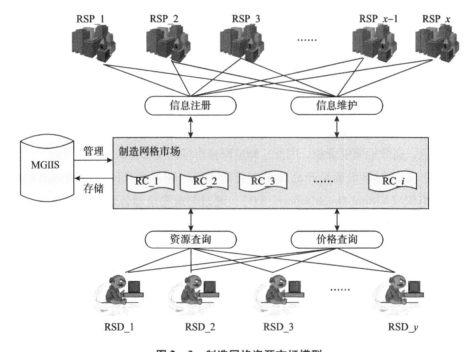

图 2 - 3　制造网格资源市场模型

2.2.3　制造网格市场技术堆栈图

制造网格市场作为交易双方的中间组织，通过提供互联网增值服务和集中交易的功能产生规模经济效益与范围经济效益，从而节约成本。为了更好地了解制造网格环境下的市场技术构建基础，本书构建了简洁的制造网格市场技术堆栈图，如图 2 - 4 所示。

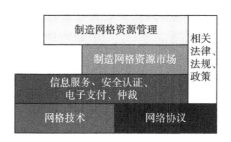

图 2 - 4　制造网格市场技术堆栈

1. 网格技术与网络协议

网格技术与网络协议是资源共享、信息传递的基础，定义了资源接口、通信协议标准、安全协议等技术标准。目前，国家之间和企业之间关于资源共享的技术标准远远未达到统一，差异很明显，这将为资源管理带来不便。相关制造网格的研究正致力于统一制造资源共享的国际技术标准，如资源建模、安全套接层（Secure Socket Layer，SSL）协议、WSRF、网格中间件等。

2. 相关法律、法规与政策

在制造网格资源交易过程中，隐私保护、税务制度、中间服务商法律责任、市场准入、电子合同、物流纠纷、与银行的法律关系以及法律适用范围等问题，都将成为法律学界的研究范畴。

3. 信息服务、安全认证、电子支付、仲裁

制造资源种类繁多、属性复杂、共享方式多样化、语义丰富，因此资源信息组织形式如何适应网格环境，对于制造网格的应用来说非常重要。本书将在第 4 章提出一个两层制造网格信息服务模型，制造网格索引信息服务器（Manufacturing Grid Index Information Server，MGIIS）将对信息进行妥善管理、存储，便于增加、删除和修改。

制造网格市场提供电子支付功能。在开放的制造网格平台上，采用数字化方式进行交易支付或资金转移，使资源交易更加方便、快捷、高效、经济。

安全认证负责使合法用户取得访问资源、信息的权限，防止非法用户操作、网络攻击篡改信息数据，同时保证传递信息的不可抵赖性。

对于争议资源交易事件，尽量通过网络仲裁予以解决，使当事人以较低的成本解决纠纷，保障制造网格资源市场的良性发展。由于网络仲裁的地域概念淡化，这对上一个问题中法律法规政策有地域限制是一个很好的补充。

4. 制造网格资源市场

作为一个信息中介，将与资源提供者和资源需求者相关的信息汇集起来，为这些信息增加价值（如 Cookie 技术），确保信息的真实性（如建立信用评价体系），同时保证交易双方的隐私不受侵害。制造网格市场可以是不收取费用的（如淘宝网），也可以是收取费用的（如 eBay）。

5. 制造网格资源管理

在上述基础上，网格用户从市场中买卖资源，结合制造网格资源共享使能技术，实现基于经济学的制造网格资源管理。面向各种制造领域，如汽车、工程机械、电子、装备制造等，通过资源管理系统，提交各种任务，即可享受制造网格带来的便捷服务。

2.2.4 基于经济学的制造网格资源管理框架

结合网格中间件技术和多代理技术（multi – agent technology），本书设计了基于经济学的制造网格资源管理框架。这个框架支持多种交易模型，便于制造网格用户达成一致的资源服务价格，如图 2 – 5 所示。该框架主要分为四个部分：制造业领域应用（制造网格门户）、网格资源管理系统、网格核心中间件和以制造网格市场为中心的功能构件集。该框架扩展了计算经济网格框架（Grid Architecture for Computational Economy，GRACE）的资源市场交易功能，如信誉管理系统、仲裁公证方。

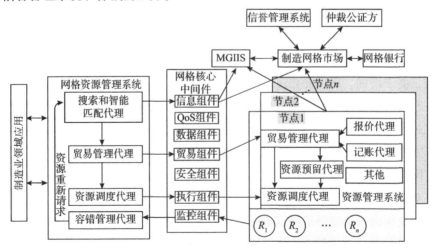

图 2 – 5　基于经济学的制造网格资源管理框架

（1）制造业领域应用。制造用户通过制造网格门户来发布资源、封装资源和定义制造任务，实现制造领域的应用。

（2）网格资源管理系统。它是一个多代理系统，资源管理中的每项子功能都可以由单个代理来代理或实现。从制造网格用户的角度可分为：资源需求方网格资源管理系统（Grid Resource Broker for Resource & Service Demanders，RSDRB）和资源提供方网格资源管理系统（Grid Resource Broker for Resource & Service Providers，RSPRB）。RSDRB 包括搜索代理、智能匹配代理、贸易管理代理、资源调度代理和容错管理代理；RSPRB 包括贸易管理代理、资源预留代理、资源调度代理、报价代理、记账代理等。每个网格节点所拥有的物理资源可以抽象为一组逻辑资源的集合，即 $R = \{R_1, R_2, \cdots, R_n\}$。贸易管理代理负责执行制造网格用户的价格策略和交易机制。报价代理负责为有个性化需求的用户提供产品快速报价服务。记账代理负责实现资源预留和资源调度（即资源共享）中的计费、支付、转账等金融功能。容错管理代理负责在资源调度过程中出现异常或失效情况时实现再协调和管理功能，必要时会通知搜索代理和智能匹配代理查询可替代资源。

（3）网格核心中间件。充分利用全球开发的网格关键技术，使网格资源管理多代理系统具有统一的编程接口，并具有动态资源监测、屏蔽资源节点异构性、信息服务和资源调度功能。网格核心中间件包括信息、QoS、数据、安全、执行、监控组件，同时扩展了贸易组件。

（4）制造网格市场功能构件集。以制造网格市场为中心，包括网格银行，信誉管理系统、仲裁公证方和 MGIIS。MGIIS 负责对制造网格市场用户、资源、贸易等数据进行存储和管理，便于网格系统的信息查询；网格银行作为一个金融机构为网格用户提供相关服务；信誉管理系统负责建立一套完善的信用评价和管理体系，促进制造网格市场的良性发展，避免出现"柠檬"（信息不对称）现象；仲裁公证方作为制造网格市场中的第三方，公正、独立、非营利性是其主要特色，负责制造网格市场中交易合同、贸易纠纷等的网上处理事宜。

2.3 制造网格市场中的经济关系与信息不对称

制造网格的目的是在最大程度上实现设计、制造、信息、技术等各类资源的共享以及协同制造过程中物流、信息流、价值流的优化运行。由于物流、信息流、价值流的优化运行产生的经济效益与传统的经济效益来源不同，市场参与者的行为也会相应地发生变化，如竞争领域和竞争手段不同。本节将分别从资源需求者和资源提供者的角度来分析制造网格市场主体的行为特征。

2.3.1 资源提供者与资源需求者经济关系分析

制造网格的应用会改变企业内部的结构和运行机制，改变企业与企业之间、企业与个体之间以及个体与个体之间的连接方式，改变市场中各个经济主体之间的关系。

本书从资源使用的角度将制造网格市场中的经济主体分为资源提供者和资源需求者，两者的关系事实上是处于信息优势和信息劣势的市场参与者之间的关系。在资源交易活动中，这是普遍存在的信息不对称现象。本书从中归纳出两者之间的经济关系。

（1）资源提供者和资源需求者是两个相互独立的个体，且双方都是在约束条件下的效用最大化者。资源提供者在众多可供选择的行为中选择一种预定的行为，该行为既影响其自身收益，也影响资源需求者的收益。资源需求者具有支付报酬的能力，在资源提供者选择行为之前就能确定某种合同，该合同明确规定报酬是资源需求者观察资源提供者行为之后结果的函数。

（2）资源提供者和资源需求者都面临市场的不确定性与风险。交易前，资源需求者不知道资源提供者具体选择哪种行为（即提供什么质量水平的资源、服务）；资源提供者不能完全控制其选择行为后的最终结果，因为最终结果是一个随机变量，其分布状况取决于资源提供者的行为。

2.3.2　制造网格市场中的非对称信息

这里的信息不对称问题包括不完全信息和非对称信息，它们是经济学中两个非常重要的概念，是建立制造网格交易诚信机制的经济学理论基础。美国三位经济学家乔治·阿克洛夫、迈克尔·斯宾塞和约瑟夫·斯蒂格利茨由于在不完全信息理论方面的开创性研究成果，共同分享了 2001 年度诺贝尔经济学奖。

1. 完全信息

传统经济学理论假设市场参与者都拥有关于某种经济环境下的全部知识。例如，用户完全了解资源的质量、效用以及价格信息，而资源提供者则完全可以预测市场走向以及用户的需求偏好等。每个博弈者都知道其他博弈者的策略和报酬，于是全部决策都是在完全确定的条件下进行的最优决策，不存在决策失误和投资风险问题，市场中可以出现均衡价格。

2. 不完全信息

在现实经济中，没有人能够拥有关于各方面市场的全部知识。这是由于人们对现实中的经济信息难以完全了解（因为信息的传播和接收都是需要花费成本与代价的）以及某些经济主体故意隐瞒事实、掩盖真实信息，使得现实经济生活中具有完全信息的市场是不可能存在的。不同市场中不同程度地存在不完全信息，传统市场有这种问题，制造网格市场也有这种问题。

3. 非对称信息

非对称信息是不完全信息的一种表现形式。如果市场中的一方比另一方掌握更多的关于某种资源的信息，这时就称市场的信息为非对称信息。这种情况是广泛存在的，因为知识在膨胀、领域在扩大，不可能每个人都是所有行业的专家，特别是在技术含量较高的制造业领域，非对称信息的存在是一种普遍现象。

4. 逆向选择和道德风险问题

由于制造网格市场中存在非对称信息，很可能会出现逆向选择问题（高质量的资源被挤出市场）和道德风险问题（在不违反协议的情况下，一方谋求自身利益的动机）。逆向选择是事前发生的，道德风险问题是事后发生的。这两个问题将会导致制造网格市场的低效甚至失败，为此，经济学界普遍认为应该设计一种激励机制来改善这种情况。这也是本书在第 3 章提出的经济学必要性依据，因为鼓励资源提供者根据质量水平设置赔偿价格，可以看作一种激励手段。

2.4 制造网格资源交易

2.4.1 制造网格资源交易模型

本书讨论的是几种在制造领域常用的交易模型，而不是人类社会所有的交易方式。

1. 商品市场模型

在商品市场模型中，由资源提供者定义其拥有的资源价格。定价策略分为两种：一种是固定的价格，即该资源的价格在一定时间内保持不变；另一种是根据供需平衡来调节价格，即供大于求时价格降低，求大于供时价格上升。

如图 2-6 所示，资源提供者首先向制造网格市场注册其所拥有资源的信息，当资源需求者或资源代理（Resource Broker，RB）查询相关资源信息时，制造网格市场将满足用户需求的资源信息，包括资源提供者信息和资源属性、价格等信息返回给用户。资源需求者选定某一个或多个资源提供者，通知贸易管理器（Trade Manager，TM）下订购单，并按照前面提供的价格来结算。

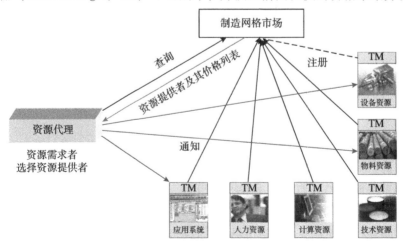

图 2-6 商品市场模型

2. 招标模型

资源需求者在制造网格市场上发出招标通知，说明需要购买资源的名称、数量、规格等具体条件，如图 2 – 7 所示。制造网格市场作为一个中介者，根据招标通知书进行搜索与匹配，邀请符合需求的资源提供者或者 TM 在规定时间内向制造网格市场提交标书。然后，依据评标原则及程序确定中标人，最后双方签定资源交易合同。

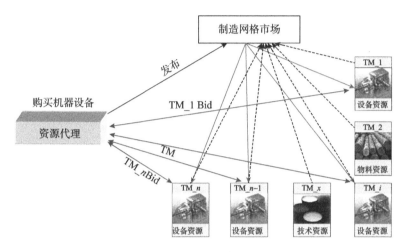

图 2 – 7 招标模型

3. 拍卖模型

对于稀有贵重资源或者调度过程中出现冲突的资源，可以采用拍卖模型来出让使用权或者优先权。这样既可以为资源提供者增加收益，也可以为保证制造网格 QoS 增加一条途径。拍卖模型在基本形式上存在某些不同，包括限时、最低或最高竞投价格以及用于决定竞价胜出者和成交价格的特别规则。因此，拍卖模型又可分为英式拍卖（English auction）、荷兰式拍卖（Dutch auction）、首价密封拍卖（sealed first – price auction）、第二价格密封拍卖（vickrey auction）等。尽管在拍卖理论中还有其他类型的拍卖方式，但在制造行业，使用最广泛的还是英式拍卖。下面阐述制造网格市场中英式拍卖的实现过程。

在制造网格市场中，某一资源提供者对所拥有的资源进行拍卖，首先为这次拍卖手动设定一个保留价。制造网格市场作为一个中介者，根据招标通知书进行搜索与匹配，邀请符合要求的资源需求者或者 TM 在规定时间内向制造网格市场提交标书，如图 2 – 8 所示。竞标者不需要亲自出席拍卖会，他可以通过 RB 来执行竞拍策略，如限定出价最高额和每次竞价上升幅度。拍卖期限一般比现实中的要长，成交时双方需要进行电子签证。

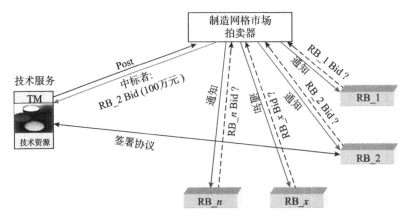

图 2-8　拍卖模型

4. 议价模型

议价模型是几种交易模型中最灵活的一种，也是制造资源交易中较常用的一种，如图 2-9 所示。很多资源和服务是为客户量身定作的，前期的类似的资源价格并不能作为此次交易的标准，因此需要买卖双方之间讨价还价，协商决定资源的价格和性能指标。

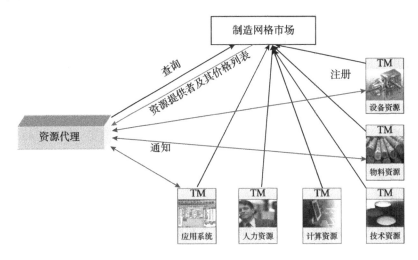

图 2-9　议价模型

2.4.2　制造网格交易流程

在制造网格市场中，完整的资源共享行为都会涉及以下几个步骤（图 2 -10）。

（1）资源发布。资源提供者通过发布所拥有的资源信息来刺激人们的购买欲望，制造网格市场就成为一个重要的资源信息交流平台。由于制造资源具有高度的复杂性、多样性和分布性，传统的信息描述方法无法完整地描述制造资源信息，发布的资源信息既无法全面地反映资源属性，也无法实现搜索的逻辑推理和知识匹配，影响了资源发布的效果。为此，本书将在第 4 章中采用本体技术对制造资源进行语义描述，从而真正实现资源在制造网格市场中无歧义的信息发布。

需要说明的是，"资源封装"并不等于"资源发布"。实现制造网格资源共享的前期工作包括将制造资源封装为网格服务，提供访问资源的标准接口，便于网格系统调度。因此，概括地说，"资源封装"是为了实现制造资源的调度，"资源发布"是为了实现制造资源信息的传播。

（2）资源搜索。资源需求者需要发现并仔细比较所需求的资源。在资源发布的基础上，资源需求者才有相关制造资源可搜索，才能够发现资源提供者和其拥有的资源，从而仔细考察资源的各种属性。本书将在第 4 章中采用蚁群算法对制造资源进行基于经验的搜索，以提高搜索效率，节省制造网格用户的时间。

（3）资源定价。资源需求者需要决定资源提供者制定的价格是否合适，这可能发生在双方讨价还价之后。买卖双方可以采用第 2.4 节列举的制造网格市场上常用的交易模式来交流协商资源价格和支付方式。

（4）资源预留。由于一些制造资源的稀缺性，其不具备即需即获得的特性。为了保证制造网格 QoS，本书第 5 章研究了制造网格资源预留机制。到预留指定时间时，制造网格资源管理系统开始执行调度资源功能。当然并不是所有制造资源都需要预留，资源需求者也可以直接进行第 6 步，即交易结算。

（5）资源调度。制造网格资源交易的目的就是使用、调度资源。由于用户的有限理性和需求偏好多样性，制造网格资源管理系统需要提供资源调度方案的效用，给用户一个决策依据。为此，本书第 6 章研究了满足 QoS 约束的制造网格资源调度。

（6）交易结算。根据上一步商定的支付方式以及支付时采用的手段，买卖双方利用制造网格系统提供的金融平台（如网格银行）进行交易结算。

（7）交易完成。一旦资源调度完成，执行了相关制造任务，这个资源的交易过程也就最终完成了。

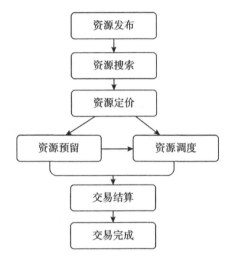

图 2-10　制造网格资源交易流程

2.5　本章小结

本章探讨了制造网格环境下企业管理模式的变革，以及制造网格是如何应对全球经济化的；然后给出了制造网格经济学定义，分析了制造网格市场中的各种经济关系；最后设计了制造网格资源交易模型和制造网格交易流程，为制造网格资源管理提供了经济手段。

第3章　制造网格资源交易诚信机制

由于存在信息不对称和交易成本，自利的个人会利用信息不对称对信息进行不完整的透露或者歪曲的透露，有意造成信息方面的误导、歪曲、掩盖、搅乱或混淆，以使其个人当前利益最大化。为此，需要设计一种诚信机制来协调制造网格用户的利益，使任意一方都不能因现实虚假信息而获利。当然，诚信机制并不能完全解决非对称信息产生的各种市场失效问题，但有可能使资源配置达到次优状态，促使制造网格市场良性发展。

本章首先介绍信号博弈论，然后提出基于精炼贝叶斯均衡的制造网格资源交易诚信机制，并对模型进行仿真实验，最后对本章进行总结。

3.1　博弈论与诚信机制

博弈论（games theory），又称对策论，是研究竞争情况下参与者行为选择的理论，即研究参与者如何根据环境和对方情况的变化，采取最优策略和行为的理论。其中的博弈指的是若干个实体在"策略相互依存"的情况下相互影响的状态的抽象表达。在博弈的情况下，每个实体的效用不仅取决于自身的决策和行为，还取决于他人的决策和行为，也就是说，个人所采取的最优策略是对他人所采取策略和行为的预期。现对要采用的博弈论中的基本概念说明如下。

（1）参与人：博弈中选择行动以最大化自己效用的决策主体，如个人、团队、单位、企业等。

（2）行动：参与人的决策变量，如资源需求者对某产品的购买量，厂商利润最大化决策中的产量、价格，是否隐瞒产品质量等。

（3）信息：参与人在博弈过程中涉及的知识，特别是有关其他参与人

（对手）的特征和行动的知识，即该参与人所掌握的关于其他参与人的、对其决策有影响的所有知识。

（4）战略：参与人选择其行为的规则，即参与人应该在什么条件下选择什么样的行动，以保证自身利益最大化。

（5）支付函数：参与人从博弈中获得的收益水平，它是所有参与人策略或行为的函数，是每个参与人真正关心的东西，如消费者最终所获得的效用、厂商最终所获得的利润。

（6）结果：博弈分析者感兴趣的要素集合。

（7）均衡：所有参与人的最优策略或行动的组合。

在制造网格环境下，各网格节点选择交易对象或者合作伙伴时，交易双方或合作双方的决策是相互影响的。最终选择的方案是双方多次博弈和理性选择的结果，因此，博弈论是分析制造网格诚信机制建立的一种有效工具。

博弈论的发展不仅开辟了经济学的一个新的研究领域，而且提供了一种分析问题的新工具。它突破了经济学原有的以个人孤立决策的窠臼，侧重于对决策主体的相互作用和影响进行分析，突出了经济分析中理性人的地位，探讨了个体理性（不合作）产生集体理性（合作）的机理，揭开了个体理性和集体理性的矛盾之谜，即个体通过在行为相互作用中不断学习而产生合作的可能性。

制造网格环境下交易双方选择诚信的行为还是欺骗的行为，总是受到交易对方决策的影响。交易对方的选择是交易者选择行为时的主要衡量因素，通过其决策函数来计算效用函数，从而影响交易双方的决策，即选择诚信还是欺骗或者诚信行为程度。

经济学界将博弈分为四类：完全信息静态博弈、完全信息动态博弈、不完全信息静态博弈和不完全信息动态博弈如表 3 - 1 所示。

（1）完全信息静态博弈指的是各博弈方同时决策，且每个参与人对其他参与人的特征（包括战略空间、支付函数等）完全了解的博弈。这里的"静态"指的是所有参与人同时选择行动且只选择一次，只要每个参与人在选择自己的行动时不知道其他参与人的选择，就是同时行动。

（2）完全信息动态博弈指的是博弈中信息是完全的，即双方都掌握对其他参与人的战略空间和战略组合下的支付函数，但行动是有先后顺序的，后动者可以观察到先动者的行动，了解先动者行动的所有信息。

（3）不完全信息静态博弈指的是各博弈方同时决策，但至少有一个参与人不完全了解另一个参与人的特征的博弈。

（4）不完全信息动态博弈指的是各博弈方先后决策，后动者可以观察到先动者的行动，但不完全了解先动者行动的所有信息。

表 3 - 1　博弈的四种类型

类型	信息掌握程度	行动顺序
完全信息静态	完全掌握	纳什均衡
完全信息动态	完全掌握	子博弈精炼纳什均衡
不完全信息静态	部分掌握	贝叶斯纳什均衡
不完全信息动态	部分掌握	精炼贝叶斯纳什均衡

尽管完全信息在许多情况下是一个比较好的近似，但现实中许多博弈并不满足完全信息的要求。由表 3 - 1 可知，不完全信息动态博弈模型最符合制造网格资源交易中双方的博弈情况。因此，本章采用不完全信息动态博弈作为所提出诚信机制的理论依据，下面给出其战略式表述。

（1）首先选择参与人 1 的类型 $\theta \in \Theta$，这里 $\Theta = \{\theta^1, \cdots, \theta^k\}$ 是参与人 1 的类型空间，参与人 1 知道 θ，但参与人 2 不知道 θ，其只知道参与人 1 属于 θ 的先验概率是 $p = p(\theta)$，$\sum_k p(\theta^k) = 1$。

（2）参与人 1 在观测到类型 θ 后选择发出信号 $m \in M$，这里 $M = \{m^1, \cdots, m^J\}$ 是信号空间。

（3）参与人 2 观测到参与人 1 发出的信号 m（但不是类型 θ），使用贝叶斯法则从先验概率 $p = p(\theta)$ 得到后验概率 $\tilde{p} = \tilde{p}(\theta \mid m)$，然后选择行动 $a \in A$，这里 $A = \{a^1, \cdots, a^H\}$ 是参与人 2 的行动空间。

（4）支付函数分别为 $u_1(m, a, \theta)$ 和 $u_2(m, a, \theta)$。

3.2　基于精炼贝叶斯纳什均衡的制造网格资源交易诚信机制

制造网格资源交易的实现过程，实质上是资源提供者与资源需求者对对方行为特征及相应战略进行评价后，使自身效用最大化的战略选择的博弈过程。目前，在网格技术研究中，博弈论的应用主要集中在网格资源的优化配置上，而本书将信号博弈论引入制造网格资源交易中，提出了一种基于精炼贝叶斯纳什均衡的制造网格资源交易模型。该模型类似于文献[77]提出的博弈模型，但是文献[77]中采用的是完美信息动态博弈模型，即假设买卖双方互相知道对方选择的策略，而实际上卖方并不能确定买方具体的购买策略，不完全信息动态博弈模型则可以克服这个缺点。因此，本书采用不完全信息动态博弈模型来描述制造网格中的实际资源交易情况，为解决上述制造网格资源交易中的两个问题提供一条新途径。

在第 2 章中制造网格资源协商交易框架的基础上，本章提出预防资源提供者质量欺骗行为的诚信机制，如图 3－1 所示。

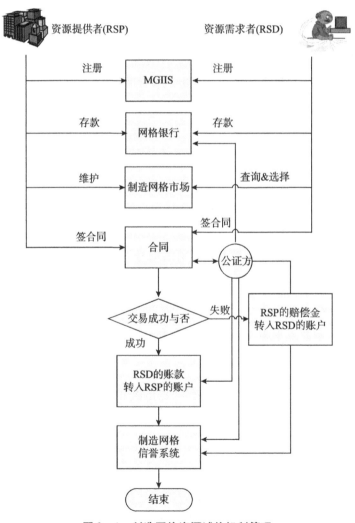

图 3－1　制造网格资源诚信机制管理

（1）资源提供者和资源需求者在信息服务中心（MGIIS）注册、更新、注销各自的用户信息。

（2）资源提供者和资源需求者在网格银行中存入货币或转账，本书采用的支付机制为预付费（prepaid）。

（3）资源提供者通过制造网格门户向制造网格市场发布其提供的资源信息，包括资源交易模式、价格信息、承诺的赔偿价格等，以吸引消费者洽谈协商；资源需求者可以搜索、查阅到此类信息。

（4）资源需求者与选中的资源提供者在网上签约。

（5）资源需求者将货款转账到由第三方监管的账户，资源提供者按照赔偿价格将一定的存款转账到监管账户。

（6）在合同规定期限内，如果资源需求者没有进行质量投诉，则第三方将资源需求者的货款划归资源提供者账户，同时将赔偿金额退还资源提供者账户。

（7）无论出现哪种情况，均应在诚信管理系统中记录资源提供者和资源需求者的交易信息，作为诚信历史记录。

3.2.1　诚信模型建立

为了讨论方便，假设资源的质量水平为 $q(0 \leqslant q \leqslant 1)$，$q$ 越大，表示资源质量水平越高；q 趋近于 1 时，表示资源趋向 "零故障"。书中采用的故障率按照指数分布，记为 $G(q) = \mathrm{e}^{-kq}$，k 为系数且大于 0；资源提供者要价为 P，承诺的赔偿价格为 F。质量成本是质量水平的函数，记为 $C(q) = a_1 \mathrm{e}^{-b_1 q} + a_2 \mathrm{e}^{b_2 q}$，$a_1$ 表示控制废次品数量趋近于 0 时的废次品损失费用，a_2 表示控制质量水平 q 趋近于 100% 时的成本，b_1 和 b_2 是指数函数的斜率。考虑到假设的现实意义，其中 $P \geqslant C(q) > 0$，$F > 0$。资源需求者的行为是确定资源交易的成交概率 $p(F)$，而在一般情况下，资源需求者确定的成交概率主要考虑资源质量与价格两个因素，即性价比。在同一要价 P 下，资源提供者承诺的赔偿价格 F 越高，资源需求者认为产品质量水平 q 越高，故越倾向于与其进行交易，即 $\dfrac{\mathrm{d}p(F)}{\mathrm{d}F} > 0$，因此书中给出的 $p(F)$ 形式为

$$p(F) = m \frac{\tilde{q}(F)}{P} + n$$

式中，m、n 为调整参数；$\tilde{q}(F)$ 为资源需求者观察到赔偿价格 F 后对产品质量水平的估计，且 $m > 0$，$0 < n \leqslant 1$，$0 \leqslant p(F) \leqslant 1$。

基于精炼贝叶斯纳什均衡的制造网格资源交易博弈模型可以表示如下。

（1）按照某一先验概率密度选择资源的质量水平 q，并且让资源提供者知道。

（2）资源提供者会根据 q 向资源需求者承诺赔偿价格 F。

（3）资源需求者看到赔偿价格 F（不知道 q 的实际值）后确定成交概率 $p(F)$。

（4）资源提供者的收益为 $U(q, F, p(F))$。

定义收益为成交前后的利益增加值，不考虑资金利率。如果没有成交，则双方的收益皆为 0。假定资源提供者是风险中性者，其期望效用为

$$U(q,F,p(F)) = \left[(P - F - C(q))G(q) + (P - C(q))(1 - G(q)) \right]p(F)$$

化简为

$$U(q,F,p(F)) = \left[P - FG(q) - C(q) \right]p(F)$$

同时，资源提供者承诺的 F 应满足 $U(q, F, p(F)) \geqslant 0$，$F$ 的约束条件为

$$F \leqslant \frac{P - C(q)}{G(q)} \tag{3-1}$$

3.2.2 诚信模型求解

就纯战略均衡来看，该模型可能存在混同均衡、分离均衡和准分离均衡三种状态。对照所要解决的问题，优化目标是求该模型的不完全信息动态博弈的分离均衡解，即产品质量越好，资源提供者就越愿意承诺较高的赔偿价格。

按照精炼贝叶斯纳什均衡的要求，在均衡的情况下，第 3.2.1 节中的（2）和（3）是按照资源提供者和资源需求者的最优行为进行的。资源提供者的行动是类型依存的，传递着有关自己类型的某种信息，资源需求者可以通过观察资源提供者所选择的行动来推断其类型或修正对其类型的先验信念（概率分布），然后选择自己的最优行动。资源提供者预测到自己的行动将被资源需求者所利用，就会设法选择传递对自己有利的信息，避免传递对自己不利的信息。

假设 U 对 F 的偏导数存在，令 $\dfrac{\partial U}{\partial F} = 0$，即

$$\frac{\partial U}{\partial F} = [P - FG(q) - C(q)]\frac{\mathrm{d}p(F)}{\mathrm{d}F} - G(q)p(F) = 0 \qquad (3-2)$$

假设资源提供者选择 F 时，资源需求者观察到 F 后认为该资源水平类型为 q 的概率（后验概率）为 $\tilde{p}(q \mid F)$，则资源需求者认为资源提供者提供的资源质量水平类型的期望值为 $\tilde{q}(F) = \int_0^1 q\tilde{p}(q \mid F)\mathrm{d}q$，其中 $\tilde{p}(q \mid F)$ 由贝叶斯公式给出：

$$\tilde{p}(q \mid F) = \frac{p(F \mid q)p(q)}{\int_0^1 p(F \mid q)p(q)\mathrm{d}q}$$

在资源需求者观察到信号 F 的信息集上，其信念 $\tilde{p}(q \mid F)$ 满足：

$$\int_0^1 \tilde{p}(q \mid F)\mathrm{d}q = 1$$

在分离均衡状态下，资源需求者从承诺赔偿价格 F 能正确地推断出 q，即当 $F(q)$ 是质量水平 q 的资源提供者的最优选择时，有 $\tilde{q}[F(q)] = q$：

$$\frac{\mathrm{d}\tilde{q}[F(q)]}{\mathrm{d}q} = 1$$

事实上，分离均衡状态下有 $p[q \mid F(q)] = 1$，$p[q' \mid F(q)] = 0$，其中 $q' \neq q$，因此

$$\tilde{q}(F) = \int_0^1 q'\tilde{p}(q \mid F)\mathrm{d}q' = \int_0^1 q'p[q' \mid F(q)]\mathrm{d}q' = \int_0^1 q'\delta(q' - q)\mathrm{d}q = q$$

式中，δ 为克朗内克函数。

$$\frac{\mathrm{d}\tilde{q}(F)}{\mathrm{d}F}\frac{\mathrm{d}F(q)}{\mathrm{d}q} = 1$$

$$\frac{\mathrm{d}\tilde{q}(F)}{\mathrm{d}F} = \left(\frac{\mathrm{d}F(q)}{\mathrm{d}q}\right)^{-1} \qquad (3-3)$$

代入求偏导公式，可得

$$\frac{\partial U}{\partial F} = \frac{m[P - FG(q) - C(q)]}{P}\left[\frac{\mathrm{d}F(q)}{\mathrm{d}q}\right]^{-1} - G(q)p(F) = 0$$

$$\frac{\partial U}{\partial F} = \frac{m[P - FG(q) - C(q)]}{P}\left[\frac{\mathrm{d}F(q)}{\mathrm{d}q}\right]^{-1} - G(q)\left(m\frac{q}{P} + n\right) = 0$$

将 $C(q)$ 和 $G(q)$ 代入上式，解此微分方程得

$$F^* = y(q) = \frac{m\left(\frac{P}{k}e^{kq} - \frac{a_1}{k-b_1}e^{q(k-b_1)} - \frac{a_2}{k+b_2}e^{q(k+b_2)} + O\right)}{mq + nP} \qquad (3-4)$$

式中，O 为积分常数，给定一个 O 对应一个博弈。

记 $\tilde{q}(F) = q = y^{-1}(F^*)$，因此在"理性预期"的观察下（分离均衡下能准确识别身份），资源提供者的效用为

$$U(q, F, p(F)) = \left[P - FG(q) - C(q)\right]\left[\frac{my^{-1}(F^*)}{P} + n\right]$$

资源提供者承诺的赔偿价格曲线如图 3-2 所示，曲线 L_1 代表式（3-1），曲线 L_2 代表式（3-2），两曲线相交于点 $M(q_0, F_3)$。当资源提供者提供的产品质量水平 $q < q_0$ 时，资源提供者最佳的赔偿价格 F^* 使得期望效用 $U < 0$（L_2 位于 L_1 之上），故书中认为制造网格系统中没有质量低于 q_0 的产品，只考虑质量水平高于 q_0 的情况。在图 3-2 中，F_1

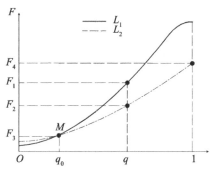

图 3-2　资源提供者承诺的赔偿价格曲线

表示质量水平为 $q(q > q_0)$ 时，资源提供者满足方程（3-2）的承诺赔偿价格最大值；F_2 表示质量水平为 q 时，资源提供者满足方程（3-2）的承诺赔偿价格 F 最优值（质量水平为 q 时资源提供者最大的效用）。由曲线 L_2 可以看出，F^* 的取值范围为 $[F_3, F_4]$，故认为资源提供者承诺的赔偿价格低于 F_3 的成交概率为 0，高于 F_4 的成交概率为 1。因此，资源需求者确定资源成交的概率相应调整为

$$p(F) = \begin{cases} 1, & F > F_4 \\ m\dfrac{\tilde{q}(F)}{P} + n, & F_4 \geqslant F \geqslant F_3 \\ 0, & F < F_3 \end{cases}$$

3.2.3　诚信模型分析

（1）模型将制造网格资源市场的博弈方仅定义为资源需求者和资源提供

者两个主体；所有资源需求者的策略相同，所有资源提供者的策略也相同。现实中可能存在多家企业之间的博弈，也可以把上述模型推广至多个主体之间的博弈。

（2）模型假设市场中某种资源的不同资源提供者要价相同，均为 P。否则，资源需求者就可以根据资源提供者的要价来区分其提供资源的质量水平。因此，尽管不同的资源提供者提供的资源质量水平不同，但假设所有资源提供者对同一资源的要价都相同。

（3）为了便于分析资源交易情况，书中假设交易资源的数量为 1 来建模，其他数量的交易情况原理相同。

（4）模型考虑了不同质量的资源成本因素。因为不同质量产品的成本不同，同一要价的情况下利润也不同，所以必须考虑成本因素。

3.3　诚信机制仿真实验

3.3.1　仿真参数设置

实验采用 Matlab V7.1 作为仿真工具，CPU 为 Pentium 4、主频为 2.93GHz、内存为 2GB、操作系统为 Windows XP SP2 的 PC 作为仿真平台。

某工程机械厂需要某类零部件，该类零部件的供应商都提出在 $P = 13.50$ 元可以交易，一批供应商（资源提供方）与工程机械厂（资源需求方）进行博弈。在制造网格系统中，不同产品质量的供应商承诺不同的赔偿价格。其他相关参数设置为 $O = 1.00$，$m = 13.095$，$n = 0.03$。根据供应商产品数据，经统计计算得出 $a_1 = 2.64$，$b_1 = 0.98$，$a_2 = 0.31$，$b_2 = 3.35$，$k = 5.00$，即产品成本 $C(q) = 2.64e^{-0.98q} + 0.31e^{3.35q}$，故障率 $G(q) = e^{-5q}$。根据以上交易诚信模型，不同产品质量的零部件供应商的期望利润分布如图 3 - 3 所示。

3.3.2　实验结果分析

为了具有代表性，q 分别取 0.38、0.68 和 0.98 三个值来说明模型的有效

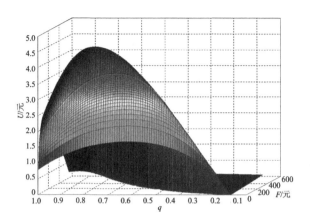

图3-3 资源提供者的期望利润分布

性，如图3-4所示。图3-4（a）所示为供应商所销售的零部件质量水平 q = 0.38，赔偿价格 F 在区间 [0, F_1] 上每间隔2元，模拟的共36次交易机会时的供应商期望利润分布情况，供应商在 F_2 = 34.59 元时取得最大期望利润 U_{max} = 2.15 元；图3-4（b）所示为供应商所销售的零部件质量水平 q = 0.68，赔偿价格 F 在区间 [0, F_1] 上每间隔10元，模拟的共28次交易机会时的供应商期望利润分布情况，供应商在 F_2 = 84.82 元时取得最大期望利润 U_{max} = 4.35 元；图3-4（c）所示为供应商所销售的零部件质量水平 q = 0.98，赔偿价格 F 在区间 [0, F_1] 上每间隔20元，模拟的共29次交易机会时的供应商期望利润分布情况，供应商在 F_2 = 193.89 元时取得最大期望利润 U_{max} = 2.73 元。

由此可知：

（1）当资源提供者承诺的赔偿价格为最优值 F_2 时，所获得的期望利润是最大的。

（2）资源提供者承诺的最佳赔偿价格 F_2 随着资源质量水平的提高而增加。

（3）资源提供者追求自身利益最大化的行为，使资源需求者有理由根据赔偿价格的高低来判断资源质量水平。

（4）当承诺赔偿价格 $F > F_1$ 时，资源提供者的期望利润是小于0的；当 $F < F_3$ 时，其期望利润等于0。这种情况符合现实：承诺赔偿价格太低的话，没人愿意购买；而销售者也不会无限制地提高承诺赔偿价格，这样会让他们承受

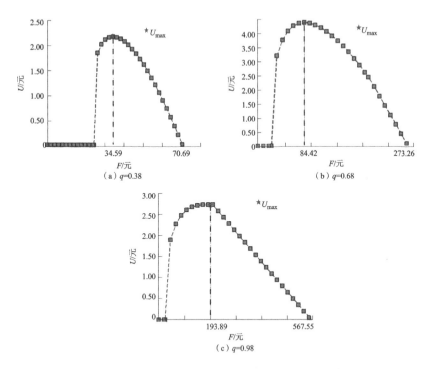

图 3 - 4　q 取不同值时资源提供者的期望利润分布

出现故障时发生巨额赔偿的风险。

因此，这是一个稳定、合理的，资源提供者不会主动偏离的精炼贝叶斯纳什均衡，意味着只要给出相关的规则（如何确定成交可能性），资源提供者就会在利益驱动下，主动、如实地以某种方式（承诺赔偿价格）向资源需求者提供资源质量信息而不会恶意欺骗。

3.4　诚信机制的实际管理意义

（1）上述博弈模型是针对一次性交易或者交易双方第一次接触的情况而建立的诚信保障机制。对于多次交易的情况，由于存在长期的利润分布，博弈模型和结果是不同的。

（2）上述博弈模型将一定金额的账款作为企业行为的担保，实际中，企业的信誉也是一种极佳的担保品。因为信誉是企业长期投资的结果，它的建立是长期而艰难的，而修复它是极其困难的。如果出现机会主义倾向，整个企业信誉将会受到损害。虽然合作方不能直接得到相应的赔偿，但信誉也可作为一种惩罚性措施来约束违约方。

（3）上述博弈模型是一种事前防止欺骗的方法，让资源提供者感知违约处罚的力度；诚信管理系统记录此次交易情况，为评估交易双方的信誉提供数据支持，从而预防欺骗的发生。

（4）一个完善、有效的诚信体系，不是采用某一种机制和技术能够建立的，必须发展认证机制、授权机制、加密技术和相关法律法规，共同保障制造网格市场的良性运行。认证机制的作用有两个：一是证实自己的身份，向其他网格节点表明自己的合法性；二是防止抵赖行为。授权机制的作用是向网格用户授权访问资源的许可。加密技术是为了保证交易信息内容的安全性，防止信息在传递过程中被窃密或者更改。相关法律法规是明确交易双方之间权利与义务关系的国家强制性规定，用于维护交易秩序，保障守信方的合法权益。

3.5　本章小结

在制造网格资源协商交易框架的支持下，结合博弈理论，本章提出了一个基于精炼贝叶斯纳什均衡的制造网格资源交易模型，并对该模型进行了求解。该模型实质上是一个不完全信息动态博弈模型，最符合资源交易的实际情况。理论分析和仿真结果表明，该模型能够有效解决网格环境下资源请求方如何辨识资源提供方的资源质量的问题，为解决制造网格环境下资源信息不对称引起的两个问题提供了一种崭新的办法。

第4章　制造网格资源描述与发现

资源描述是实现制造网格资源管理的基础，为匹配、搜索、预留和调度等制造网格资源管理功能提供数据支持。本章采用本体技术实现制造网格资源数字化描述，研究制造网格资源本体的构建方法并建立制造网格资源本体库；在此基础上实现基于本体的资源匹配；最后采用蚁群算法来实现经验式资源发现，缩小搜索范围，提高搜索效率。

4.1　基于本体的制造网格资源描述

在面向服务的制造网格系统中，制造资源都是以服务的形式共享的，那么描述制造资源以使其成为计算机可以识别或控制的对象，是制造网格资源管理的首要工作。由于制造网格环境下制造资源的特点，所提出的方法的共性是对制造资源的描述缺少语义、不统一、不完整及扩展性差。因此，研究制造网格环境下资源的描述显得尤为迫切。目前，制造资源的研究内容和描述方法仍存在以下不足。

（1）虽然学者们对敏捷制造、网络化制造、虚拟制造、并行工程等多种先进制造模式下的资源建模进行了大量的研究，但是很少有适应于制造网格环境的制造资源模型。

（2）对制造资源缺乏统一、完整的定义和语义信息，通常采用的 STEP 标准本身缺乏统一的资源描述，XML 语言仅仅在语法上能实现资源信息的共享和交换，RDF 和 RDF Schema 在表达能力与逻辑严密性、完整性上存在不足。

根据制造网格资源描述的要求，为了解决以上资源描述方法的不足，本节提出了基于本体的制造网格资源描述方法。

4.1.1 制造资源本体描述流程

本书提出的制造网格资源本体属于领域本体的一种，用于捕获制造领域内的知识，提供对该领域内容的共同理解，确定该领域内共同认可的词汇，并以不同层次的形式化模式给出制造资源相关词汇和术语之间相互关系的明确定义。

特定应用领域中的开发本体工程比较复杂，本体工程到目前为止仍处于相对不成熟的阶段，每个工程具有自己独特的方法，如"骨架"法、TOVE、Bernaras、METHONTOLOGY、SENSUS 等。根据制造网格资源管理的需求，本节提出制造网格资源本体构建流程，如图 4 – 1 所示。

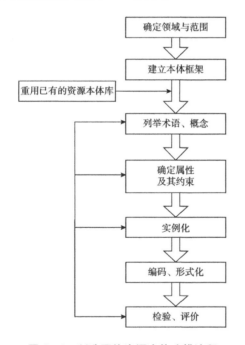

图 4 – 1 制造网格资源本体建模流程

（1）明确所构建的资源本体要覆盖的领域与范围及其系统开发和维护需求。

（2）对制造网格环境下的制造资源进行分类，从抽象到具体逐级划分，形成资源类层次结构，建立资源本体框架。

（3）考虑是否可以重用已有的资源本体库，以节省成本和缩短开发时间。

（4）按照资源本体框架，列举制造网格环境下资源领域的术语、概念。

（5）根据制造网格环境下资源的特性和使用要求，确定相对应类的属性及其约束，即属性值的类型（type）、范围（allowed values）和基数（cardinality）。

（6）选择恰当的类创建个体，并依据约束条件为其相应的属性赋值，即实例化。

（7）选用合适的本体描述语言，对上述建立的资源本体进行编码、形式化。资源本体模型的形式化可以提供比自然语言更严格的格式，可以增强机器的可读性、进行自动翻译及交换，便于资源本体模型自动进行逻辑推理及检验。

（8）检验和评价所创建的资源本体是否满足本体的建立准则，资源本体中的术语是否被清晰地定义、资源本体中的概念及其关系是否完整等。

（9）经过检验与评价后，对资源本体进行不断的修改、完善和维护工作，这个反复迭代的过程将贯穿于资源本体建模的整个生命周期。

4.1.2　制造网格资源的层次模型

本书把制造网格资源分为九大类，即设备资源、人力资源、技术资源、物料资源、应用系统资源、公共服务资源、用户信息资源、计算资源和其他相关资源。

为了建立制造网格环境下的制造资源本体模型，根据上述制造资源的分类，定义九大抽象资源超类，然后定义资源超类的子类。例如，设备资源超类包含机床、夹具、模具、锻压铸造设备、焊接切割设备、试验机械设备、纸加工设备、包装设备、印刷设备、医疗设备、纺织设备、化工设备、食品加工设备、塑料加工设备、检测设备、工程建筑设备、压缩分离设备和其他设备，其中每个资源子类又包括各自的资源子类，如检测设备包括检测仪、分析仪、定位仪、频谱仪、磁粉探伤仪、光泽仪等，如图 4 - 2 所示。最后采用 OWL DL 中的 subClassof（父子关系）、disjoinWith（互不相交性关系）、equivalentClass（同义关系）来构成这些资源类的层次结构，并通过 unionOf、complementOf、intersectionOf 描述资源类之间的逻辑组合关系。在上述制造资源分类的基础上，结合面向对象的思想，构成一个以制造网格资源（Manufacturing Grid Resources，MGRS）为根类的制造网格资源概念关系模型，如图 4 - 3 所示。

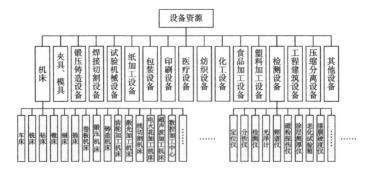

图 4-2　设备资源子类层次模型

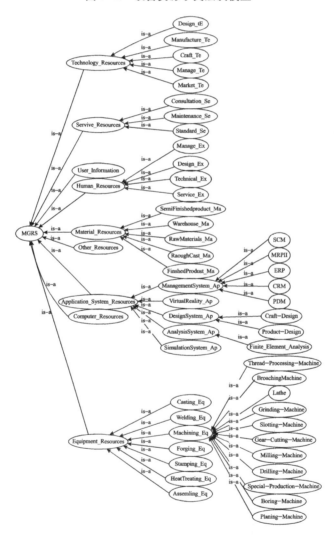

图 4-3　制造网格资源本体概念关系模型

4.1.3　制造网格资源的属性

定义属性及其约束是建立资源本体过程中极为关键的一步，直接关系到下一步的实例化过程和资源本体的完整性。制造网格资源的属性是多种多样的，属性及其约束的选择应根据资源的特性和使用目的及要求来决定，应始终围绕制造网格为用户提供优质、快捷、经济、安全的制造资源服务的中心思想。由于制造资源种类繁多，并且其属性标准不统一，建立各业界用户都认可的制造资源本体模型是一个艰难而漫长的过程。本小节尝试以描述设备资源属性为突破点，提出一种可行的、有效的制造网格资源属性定义方法。

参照第 4.1.2 节中的制造网格资源本体模型分类，首先，从最底层子类资源中抽象出某类设备资源的共有属性，如图 4-4 所示。设备资源类共有属性可分为：基本属性、服务属性和状态属性。其中基本属性主要为用户提供该设备的主要概况信息，包括设备名称、所属单位、生产厂家、规格型号、设备原值和设备简介；服务属性主要为用户提供该设备的合作服务参数信息，包括服务时间、服务质量、服务价格、联系人、联系地址、联系电话以及历史协作信息；而状态属性主要描述该设备资源的状态信息，可分为占用、空闲和维修三种状态。

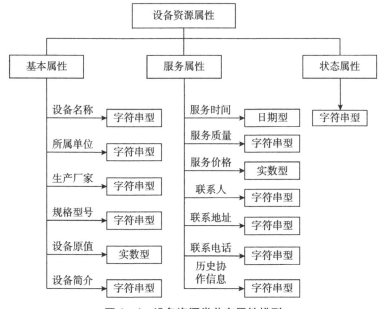

图 4-4　设备资源类共有属性模型

其次，定义资源的能力属性。针对设备资源的子类资源层能力属性，选择该类资源下一层资源的主要技术参数作为能力属性信息。限于篇幅，本书只举例介绍设备资源子类机床的能力属性建立过程，如图 4 – 5 所示。机床设备资源能力属性包括行程参数、工作台参数、精度参数、进给速度、主轴参数、电动机功率、刀具信息、机床尺寸、控制器、自动换刀系统、总功率等。

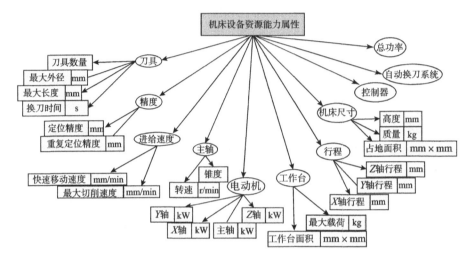

图 4 – 5　机床设备资源能力属性模型

利用 OWL 语言特性——子类自动继承父类的属性和关系，机床类资源除了具有该类资源定义的能力属性，同时继承了父类设备资源的共有属性，即具有基本属性、能力属性、服务属性、状态属性。至此，设备资源子类机床的资源属性得以完整建立。其他类资源的属性定义可参考此方法，归结该方法具有三大优点：

（1）在制造网格资源本体建立过程中，不至于迷失于各类资源属性信息的"海洋"中。

（2）避免因制造资源分类的抽象性而导致无法归纳该类资源的共同属性。

（3）基于本体的制造网格资源模型具有语义推理功能。

4.2　基于蚁群的制造网格资源发现

通过各类制造资源的语义描述封装，制造网格屏蔽了资源的异构性和地理分布性，以透明的方式为用户提供便捷的制造服务。实施制造网格的目的就是利用这些制造服务协同完成用户提交的各种制造任务，因此，制造网格资源管理除了解决资源描述问题，还要针对制造网格环境下的企业协作方式——虚拟组织，制定有效的资源发现机制，找到合适的资源，并匹配用户提交的制造任务所需要的资源。

4.2.1　制造网格信息服务模型

信息服务是制造网格系统的重要功能之一，为资源发现提供信息组织支持。制造网格信息服务应满足以下要求：①信息服务模型应是分布式的，单个的信息管理中心容易失效；②必须有健全的认证和授权机制；③资源提供者可以申明自己的控制策略；④信息服务模型应该尽可能快速和高效地传输信息。

根据以上制造网格信息服务要求，制造网格信息服务模型应该是一个灵活、可伸缩、具有容错性的模型。任意一种制造资源一定归属于某个组织或个人，资源的拥有者必须具有自主管理能力，同时必须接受制造网格系统的统一管理。为了支持制造网格资源的自治性和多重管理性，本节设计了一个两层制造网格信息服务模型，如图 4-6 所示。MGRIS 是一个分布式资源信息管理器，可以方便地部署到每个资源节点上，人工或自动配置节点资源的静态、动态信息（如数控机床的型号、加工能力、工作状态、预计完成时间等）；MGIIS 是一个多节点资源聚集信息路由器，它存储两方面的信息，即相邻 MGIIS 的信息和 VO 内所有资源节点的注册信息。

本节按照地理位置划分 VO，在一个 VO 内设置一个 MGIIS，考虑到路由器的性能，当 VO 内的节点数目达到路由器极限负荷时，应该增设路由器。其网络拓扑结构是一个半分布式拓扑结构，此结构能避免随着制造网格规模的扩大带来的大量冗余注册信息，加强对资源节点和注册信息的管理能力。相关研究者指出这种结构非常适合有组织的网格应用。

网格资源信息协议（Grid Resource Information Protocol，GRIP）和网格资源注册协议（Grid Resource Register Protocol，GRRP）都属于软状态协议，具有容错性较强和简易的优点，是网格信息服务模型中非常重要的部分。利用上述两协议管理制造网格中的资源、服务信息：①资源节点用户可以使用 GRRP 协议来注册、修改、撤销其在 MGIIS 上的信息；②MGIIS 负责维护所在 VO 内的资源节点信息数据，构成一个信息模型，使用 GRRP 协议向相邻 MGIIS 注册本路由信息，也可以访问相邻 MGIIS 的信息注册表和本域内的 MGRIS；③若无从相邻 MGIIS 和本域内的 MGRIS 返回的定时更新消息，则认为是由于正常退出、异常节点故障、网络连接失败等导致的资源群体或者单点失效，进而删除注册表中的相应信息。由 GRIP 和 GRRP 共同完成制造网格资源信息的生命周期管理。制造网格用户在某一资源节点处搜索资源时，首先使用 GRIP 访问该 VO 的 MGIIS 注册表，若有所需资源，则返回该节点地址；若没有所需资源，则 MGIIS 根据搜索算法选择性地访问其他 MGIIS 来查询。

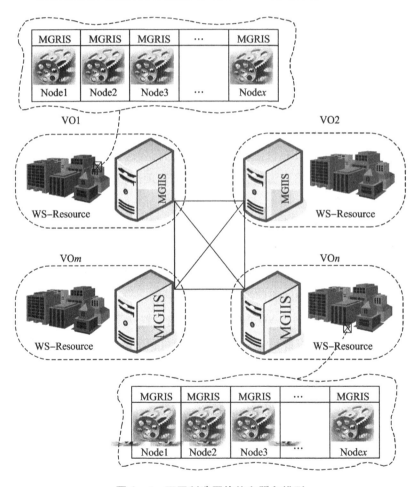

图 4-6 两层制造网格信息服务模型

4.2.2　基于 ACA 的制造网格资源搜索算法

根据制造网格信息服务模型，制造网格中的用户节点每次请求资源都必须先访问资源路由器，资源路由器在资源信息数据库中查询所需资源的相关信息，然后再访问其他资源路由器。当未来制造网格规模变大时，需要通过优化搜索算法来减少资源请求节点对资源路由器的访问次数和对资源信息数据库的访问次数，从而缩小搜索范围。

本书采用蚁群算法（Ant Colony Algorithm，ACA）来解决制造网格资源搜索问题。由于蚁群算法起初被用于解决路径的优化问题，所以本节对其进行了修改以适用于资源搜索应用。蚁群算法的基本思想是根据蚂蚁觅食行为特性，通过蚂蚁释放信息素的正反馈机制来指导搜索前进的方向，充分利用历史的搜索经验，实现经验式搜索，缩小搜索范围，提高搜索效率。

定义：网格路由节点模型为一个加权无向图 $G = (V, \{E\})$，其中 $V = \{v_i | i = 1, 2, 3, \cdots, N\}$ 表示路由节点的集合，$E = \{(v_i, v_j) | i, j = 1, 2, 3, \cdots, N,$ 且 $i \neq j\}$ 表示图中边的集合，对每条边 e 赋以权值 w_e，可以表示网格传输的延时、延时抖动、带宽、包丢失率等。

在基于蚁群算法的资源搜索机制中，查询信息包是蚂蚁，符合搜索要求的路由节点是食物，蚂蚁的起始点和终点都属于 V，路出节点之间的链路连接 E 是路径。当某节点 V_{query} 发出搜索请求时，相当于派出蚂蚁在网格中按照一定的规则沿着路径 e 寻找 $V_{provide}$ 节点处的食物，其中的规则约束就是利用权值 w_e 来计算到达下一节点的概率，指导蚂蚁前进的方向。

在第 1.1 节中将制造网格中的资源分为九大类，每个路由中都存储着本域内和邻域内九类资源的信息素，即维护一张信息素表（如图 4-7 所示，深灰色代表本节点资源信息素）。当节点发出搜索 f 类资源的请求时（$f = 1, 2, 3, \cdots, 9$），相当于派出一批蚂蚁 $\{m_i^f | i = 1, 2, 3, \cdots, M\}$，根据信息素表在制造网格系统中并行地寻找食物。设置生存时间（Time to Live，TTL）控制搜索深度，蚂蚁每前进一步，TTL 就减 1，若所在路由存在符合请求的资源，则停止前进，并沿原路返回一个 QueryHit；否则，直到 TTL 为 0 时才停止前进。为了保证制造网格 QoS，算法设置迭代次数 K，找出每次迭代中路径最短（即跳数最少）的资源节点返回给查询用户。

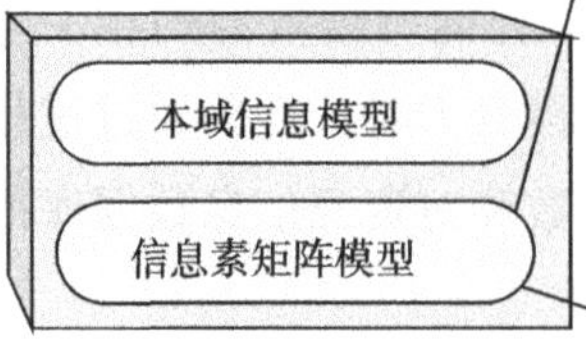

节点 类型	v_a	v_b	v_c	...	v_j	v_k	...	v_n
1	τ_{a1}	τ_{b1}	τ_{c1}	...	τ_{j1}	τ_{k1}	...	τ_{n1}
2	τ_{a2}	τ_{b2}	τ_{c2}	...	τ_{j2}	τ_{k2}	...	τ_{n2}
3	τ_{a3}	τ_{b3}	τ_{c3}	...	τ_{j3}	τ_{k3}	...	τ_{n3}
4	τ_{a4}	τ_{b4}	τ_{c4}	...	τ_{j4}	τ_{k4}	...	τ_{n4}
5	τ_{a5}	τ_{b5}	τ_{c5}	...	τ_{j5}	τ_{k5}	...	τ_{n5}
6	τ_{a6}	τ_{b6}	τ_{c6}	...	τ_{j6}	τ_{k6}	...	τ_{n6}
7	τ_{a7}	τ_{b7}	τ_{c7}	...	τ_{j7}	τ_{k7}	...	τ_{n7}
8	τ_{a8}	τ_{b8}	τ_{c8}	...	τ_{j8}	τ_{k8}	...	τ_{n8}
9	τ_{a9}	τ_{b9}	τ_{c9}	...	τ_{j9}	τ_{k9}	...	τ_{n9}

本域信息模型

信息素矩阵模型

图 4 - 7　路由节点信息素矩阵模型

1. 状态转移规则

初始时刻，各个 MGIIS 中的九类资源的信息素都相等，设 $\tau = C$（C 为常数）。蚂蚁在运动过程中根据状态转移规则随机选择下一个移动到的节点。基本蚁群算法中，在 t 时刻蚂蚁从节点 i 移到节点 j 的概率 $P_{ij}^k(t)$ 为

$$P_{ij}^k(t) = \begin{cases} \dfrac{[\tau_{ij}(t)]^\alpha [\eta_{ij}(t)]^\beta}{\sum\limits_{s \in allowed_k} [\tau_{is}(t)]^\alpha [\eta_{is}(t)]^\beta}, & j \in allowed_k \\ 0, & 其他 \end{cases} \quad (4-1)$$

式中，$allowed_k$ 为蚂蚁 k 所在路由节点 i 处所有相邻节点的集合，但蚂蚁最后访问的节点除外；η_{ij} 是一个预先设定的启发式参数，α 和 β 分别决定信息素 τ_{ij} 和启发式参数 η_{ij} 的相对重要性。但是，当问题规模较大时（如超过 100 个路由节点），算法很容易陷入局部最优，同时使算法失去随机性，本书采用转轮赌法来避免此问题：对式（4 - 1）计算得到的概率进行累加，取出不小于某一随机数的累加概率中的最小值，将此最小值对应的节点作为蚂蚁的下一个目的地。

2. 信息素更新规则

每只蚂蚁都维护一个路径表，用来记录访问节点的序号和先后顺序。当所有蚂蚁构建完一条路径后，算法将根据信息素更新规则对 MGIIS 中的信息素模型进行信息素更新。当第 i 只蚂蚁 m_i^l 停止前进时，对路径表中所有路由节点的 f 类资源的信息素按照式（4 - 2）进行局部更新。局部更新规则使相应的信息素减少，可以有效避免蚂蚁收敛到同一条路径上。

$$\tau_{ij}(t+1) = (1-\varphi)\tau_{ij}(t) + \varphi\tau_0 \quad (4-2)$$

式中，$\tau_0 = (nh)^{-1}$，h 为蚂蚁前进的跳数，$0 < h \leqslant$ TTL；n 为网格中路由节点的数目；φ 为信息素挥发系数，$0 < \varphi \leqslant 1$。

在每批蚂蚁完成搜索后，对找到资源的蚂蚁所经过路由上的 f 类资源的信息素按照式（4-3）进行全局更新，其目的是充分利用历史搜索经验。较近的资源节点之间信息素增量较大，因此其下次被选择的概率较大。

$$\tau_{ij}(t+1) = (1-\rho)\tau_{ij}(t) + \rho\Delta\tau_{ij} \qquad (4-3)$$

式中，$\Delta\tau_{ij} = (h_{\text{found}})^{-1}$，$h_{\text{found}}$ 为找到资源节点的蚂蚁前进的跳数；ρ 为信息素挥发系数。

在上述两种规则的基础上，给出基于蚁群算法的资源搜索流程（图 4-8）及 MATLAB 实现伪代码（图 4-9）。

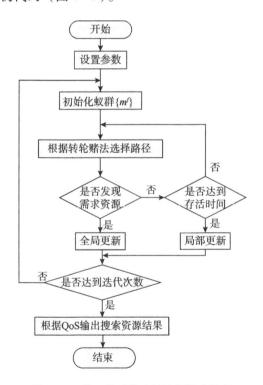

图 4-8　基于蚁群算法的资源搜索流程

```
设置α, β, φ, ρ等参数及信息素矩阵TAU, 初
始化禁忌表Tabu、生存时间TTL;

for i=1:K  %K为迭代次数
    for j=1:M  %M为每批蚂蚁的数量
        while TTL≥0&&(邻居节点非空)
            根据式(4-1)计算概率P^i_j(t),
            再按照转轮赌法从候选节点中
            随机选择下一步前往的节点next_visit;

            在Tabu表中加上节点next_visit;
            TTL=TTL-1;
                对next_visit节点的MGIIS存储的资源服务
                信息进行匹配;

            if(有需求资源)
                {
                蚂蚁停止前进;
                break;
                }
            end
        end
        根据式(4-2)对蚂蚁经过的节点进行
        信息素局部更新;
    end
    根据公式(4-3)对找到资源的蚂蚁所经过的
    节点进行信息素全局更新;
end
根据制造网格的QoS将发现的资源节点排序返回给用户
```

图4-9 基于蚁群算法的资源搜索算法伪代码

4.2.3 搜索算法仿真实验

磁力轴承是一种高性能机电一体化轴承,应用领域广泛,但结构和控制参数必须根据具体的应用对象进行设计制造。设计过程中需要运用众多的工具,如结构设计CAD、性能分析CAE等,需要定制的零部件有传感器、功率放大器、电磁铁、控制器、转子等。本书对位移传感器资源进行模拟搜索,仿真实验中省略资源匹配环节,采取随机标定符合查询请求的资源,模拟制造网格资源节点的动态加入或退出,若蚂蚁能到达标定节点,则认为发现需求资源(见表4-1)。

表 4 – 1 基于蚁群算法搜索的资源信息

需求资源节点 V_{query}	需求资源	资源类别/类别编号 f	提供资源节点 $V_{provide}$	QoS 标准
1	位移传感器	物料资源/2	9, 29, 32, 56, 70, 83, 89, 100, 129, 229, 259, 329, 817, 920, 970, 929, 956	路径长度

实验采用 MATLAB V7.1 作为仿真工具，采用 CPU 为 Pentium 4、主频为 2.93GHz、内存为 512MB、操作系统为 Windows XP SP2 的 PC 作为平台，使用波士顿大学开发的 BRITE 随机生成网络拓扑结构模拟路由节点。实验采用的是 Waxman 概率模型，由 1000 个节点和 2000 条边构成；节点的度最小为 2，最大为 19。

从实验中得知，设置 $\varphi = \rho = 0.2$ 可以得到较好的结果。当蚂蚁数量 $M \geqslant 280$ 只时，就能够保证查全率（$Recall$）稳定在 80% 以上，如图 4 – 10 中的实线所示；同时，若不采用局部更新规则，将会导致查全率显著降低，如图 4 – 10 中的虚线所示。随着查询次数的增加，在 $Recall \geqslant 80\%$ 的条件下，M 逐渐减少。图 4 – 11 所示为第 6 次循环迭代时 M 和 $Recall$ 的关系，充分说明了在利用历史搜索经验后，查询信息量在较少的情况下可以达到较高的查全率，减少了网络通信量。

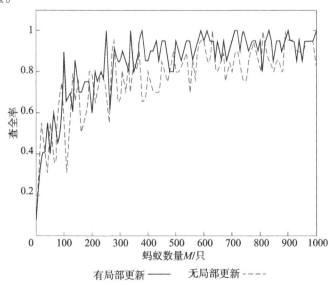

有局部更新 —— 无局部更新 - - - -

图 4 – 10 信息素初始状态下的蚂蚁数量与查全率

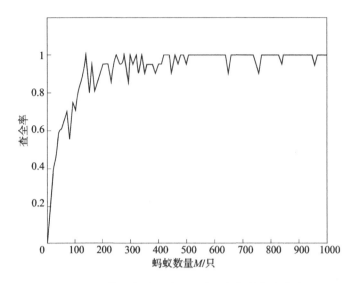

图4-11 第6次循环迭代时的蚂蚁数量与查全率

本小节虽然采用了最短路径作为度量标准，但此算法还可以采用多种度量来选择路由，如可靠性、延时、带宽、负载、通信成本等，通过一定的加权运算，将它们合并为单个的复合度量，再填入信息素表中，作为寻径的标准，具有良好的扩展性和灵活性。在制造网格系统资源搜索请求较多的情况下，特别是在查找同类资源时，此算法具有较大的效率优势。

4.2.4 制造网格资源匹配

制造网格资源发现机制不仅应考虑资源节点的位置信息，还应考虑资源的语义信息。由于制造资源的复杂性和灵活性，资源需求者会根据自己的需求寻找资源。因此，制造网格资源发现机制需要提供匹配用户自定义资源的功能。传统的基于关键词的匹配方法无法提供推理和扩展能力，会遗漏大量与关键词同义或者相关的资源，资源匹配结果难以令人满意。其主要原因之一是没有对资源进行语义化描述，进而无法实现基于语义的资源匹配。在第4.1节中研究了基于本体的制造网格资源描述问题，本小节将在其基础上阐述制造网格资源语义匹配，作为制造网格资源发现功能的一个重要环节，从而为实现基于经济学的制造网格资源管理奠定基础。

目前，专门研究制造网格环境下资源匹配的文献较少，文献［80］采用

WSDL 规范来描述制造网格资源，并扩展一个 QoS 属性标签，其资源发现就是根据需求 QoS 与注册服务器 UDDI 中的 QoS 元素进行匹配；文献［81］提出了一种基于本体论和词汇语义相似度的 Web 服务发现方法，指出针对 Web 服务的几种相似度计算度量方式，并对其中的词汇语义相似度计算进行详细讨论；文献［82］设计了一个资源服务优选系统，该系统由资源服务搜索代理在资源服务封装模板对应的 GRIS 和 GIIS 中搜索符合用户需求的待选资源集，其中 MRS – 匹配器使用了基本匹配、I/O 匹配、QoS 匹配和先决条件（precondition）匹配四种类型。

　　综观上述研究，制造业的资源发现技术研究大多数停留在提出资源发现机制上，并且很少对其中的资源匹配进行量化研究。国内外鲜有关于制造网格中基于语义的资源匹配研究，其原因就是制造网格缺少资源语义模型支持。因此，结合万维网联盟（W3C）所倡导的本体技术，在对制造网格资源语义描述的基础上，将制造网格的机制与语义信息、本体进行有机结合，提出了基于 OWL 的制造网格发现模型，并给出有效的资源本体匹配相似度计算方法。

　　结合开放网格服务体系结构（OGSA）和语义 Web 等相关技术，本书提出了基于 OWL 的制造网格资源发现模型，如图 4 – 12 所示，其工作流程如下。

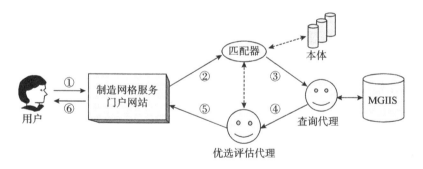

图 4 – 12　制造网格服务发现模型

　　（1）资源需求者通过制造网格门户网站中的查询门户组件（portlet）提交制造资源服务查询请求。查询门户组件将调用 OWL 编辑器，便于服务消费者以标准的服务本体语言对服务查询请求进行描述，并激活本体匹配引擎。

　　（2）在匹配规则（matching rules）、领域知识（domain axiom）、领域本体和服务本体的支持下，由匹配引擎对用户提交的制造服务查询需求进行语义匹配和相关性扩展，并自动生成一个按照服务相似度由高到低排列的服务列表。需要说明的是，本体库的完善是一个动态迭代过程，那么本体中抽象出来的领域知识也是一个不断扩充的过程，从而可以更有力地支持服务的语义匹配。另外，匹配规则和领域知识的数量及复杂程度则决定匹配引擎的性能。

（3）在制造网格系统中，服务时刻存在动态的增加或减少，虽然制造网格资源本体库中的资源是相对动态的，但远远满足不了用户的需求，而且本体库过高的更新频率会导致信息服务器性能的下降。因此，采用"宽进窄出"的策略来设计本体库的功能，即服务信息可以随时注册入库，但更新（或删除）信息则以一个适当的频率来进行。查询代理在接收到服务列表的请求后，只需对服务列表上的服务进行动态、实时的查询 MGIIS，将满足用户条件的候选服务结果返回给优选评估代理，这样既能保证信息的不遗漏，又能保证实时性。

（4）优选评估代理的主要功能是根据资源的各项评价指标对候选服务进行评估，计算得到该资源的综合评价信息矩阵，最后经加权矩阵运算得到相应的评估综合量值，并将最终结果返回给制造网格门户网站。

（5）制造网格门户网站按照制造服务评估综合量值，从高到低地将可用制造网格服务呈现给用户。

1. 制造网格资源相似度

本体形式化定义为：$O = \{C, H_C, R_C, H_R, I, A\}$，其中，$C$ 为概念集合；H_C 为概念的层次关系集合；R_C 为概念的属性集合；H_R 为属性的层次关系集合；I 为实例集合；A 为公理。本体 $O_1 = > O_2$ 的相似度记为 $Sim(O_1, O_2) \in [0, 1]$。

定义 1：制造网格资源输入本体相似度为

$$Sim_{input}(S_r, S_p) = \frac{1}{m} \sum_{i=1}^{m} \max_{j=1,2,\cdots,n} \left[Sim(O_{li}, O'_{lj}) \right]$$

式中，m 为制造网格查询请求中输入本体的数目；n 为制造网格服务本体库中输入本体的数目；O_{li} 为查询请求的第 i 个输入本体；O'_{lj} 为所提供服务的第 j 个输入本体。制造网格服务输出本体相似度 $Sim_{output}(S_r, S_p)$ 与之类似。

定义 2：制造网格资源相似度为

$$Sim(S_r, S_p) = w_1 Sim_{input}(S_r, S_p) + w_2 Sim_{output}(S_r, S_p)$$

式中，S_r 为制造网格用户查询请求的服务；S_p 为制造网格服务本体库所提供的服务；w_1、w_2 为服务相似度的权重值，$w_1 + w_2 = 1$，且 $w_1 \geq 0$，$w_2 \geq 0$。

2. 本体相似度

本体中用于知识表示的原语丰富而复杂，如翻转属性（inverserOf）、传递属性（transitive proverty）、布尔连接（unionOf，complementOf，intersectionOf）、势（cardinality）约束等，这些原语为本体相似度计算提供了有用的信息，但也给本体相似度计算带来了新的困难。

目前，国内外学者对本体相似度的研究大多数围绕本体中的可用信息进行，如概念、属性、结构、实例及约束，但是，至今还没有一种通用、有效的概念相似度计算方法来支持本体相似度，从而大大限制了结果的准确性。

概念相似度计算策略有：利用编辑距离（edit distance）计算两个字符串的相似度；利用语义词典（如 WordNet、HowNet 等）计算两个概念在树状概念层次体系中的距离来得到概念间的相似度；利用机器学习方法，使用概率模型计算概念相似度。然而，这些方法还存在一些问题：编辑距离方法忽略了概念可以在字符串上完全不同，但其意义可能很相似这一事实；机器学习方法对于长文本来说效果较好，而对于仅有一个或几个单词的概念来说效果往往较差；基于语义词典的方法可以计算出字符串不相似，并统计关联小的概念相似度，但目前其测量实现方法并不令人满意。

本书经研究发现，基于语义词典的概念相似度测量方法应遵循以下原则。

（1）概念间语义距离越大，其相似度越小；反之，则其相似度越大。一个概念与其本身的语义距离为 0，其相似度应为 1；当概念间语义距离无穷大时，其相似度应为 0。在概念层次树中（图 4 – 13），语义距离指的就是连接两节点的最短路径长度，本书把语义距离转化为两概念节点与公共节点的距离之和，记为 $L_1 + L_2$。

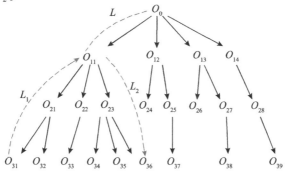

图 4 – 13　概念层次树

（2）概念间语义重合度越大，其相似度越大。语义重合度是指两概念所包含相同语义的程度。在概念层次树中，语义重合度可以转化为两概念公共节点与顶层祖先节点的距离，记为 L。一般来说，随着语义重合度 L 的增加，概念位于层次树的越底层，其概念间的差异会越来越小，例如，"光轴"和"阶梯轴"、"直轴"和"曲轴"，这两对概念的语义距离都是 2，但是前一对概念处于层次树中的较底层，语义重合度大，因此认为其相似度较大。

（3）由于语义词典对概念的描述有详细、粗疏之分，导致层次树中的概念密度不一。一般来说，密度大的区域概念分类较多，语义距离较大；反之，密度小的区域语义距离较小，所以必须加入概念密度对其加以调节。

（4）相似度的非对称性，即一般来说，$Sim(O_1，O_2) \neq Sim(O_2，O_1)$。例如，"车床 = >机床"相似度要大于"机床 = >车床"相似度，因为从实际意义来说，机床的加工能力、范围要比车床大。为此，本书在概念层次树中引入了矢量曲线。

根据以上标准，本书提出了一种基于 WordNet 的概念相似度综合算法，定义概念 $O_1 = > O_2$ 的相似度为

$$Sim(O_1,O_2) = \frac{L}{L + \alpha(O_1,O_2)\dfrac{L_1}{\rho(O)} + [1 - \alpha(O_1,O_2)]\dfrac{L_2}{\rho(O)}}$$

式中，$\alpha(O_1，O_2) = \begin{cases} \dfrac{L + L_1}{2L + L_1 + L_2}, & (L_1 \leqslant L_2) \\[3mm] \dfrac{L + L_2}{2L + L_1 + L_2}, & (L_1 > L_2) \end{cases}$ 为相似度非对称性的调节参数；

$\rho(o) = \dfrac{\sum\limits_{i=0}^{m-1} nhyp^{i^{0.20}}}{descendants_O}$ 为概念密度，$nhyp$ 为平均每个节点的下位词数量，$descendants_O$

为公共节点概念 O 的层次高度，m 为在层次树中概念 O 拥有意义的数量。

3. 制造网格资源匹配算法实验

下面针对机床加工服务领域，进行概念相似度计算。WordNet 概念层次树如图 4 - 14 所示，利用此层次树可得出表 4 - 2 所示的概念相似度。

```
=>bench lathe
 =>lathe
=>miller,milling maching
 =>shaper,shaping maching
 =>grinder
  =>machine tool
   =>machine
    =>device
     =>instrumentality,instrumentation
      =>artifact,artificiality
      =>whole,unit
       =>object,physical object
        =>physical entity
         =>entity
```

图 4 – 14　WordNet 概念层次树

表 4 – 2　概念相似度计算

$O_1 => O_2$	L	L_1	L_2	m	$descendant_O$	α (O_1, O_2)	$nhpy$	ρ (O)	Sim (O_1, O_2)
lathe = > machine tool	9	2	0	2	5	0.45000	1.15091	0.43018	0.81138
grinder = > machine tool	9	1	0	2	5	0.47368	1.15091	0.43018	0.89099
shaper = > machine tool	9	1	0	2	5	0.47368	1.15091	0.43018	0.89099
machine tool = > lathe	9	0	2	2	5	0.45000	1.15091	0.43018	0.77874
machine tool = > grinder	9	0	1	2	5	0.47368	1.15091	0.43018	0.88033
machine tool = > shaper	9	0	1	2	5	0.47368	1.15091	0.43018	0.88033
lathe = > milling machine	10	1	1	2	3	0.50000	1.00000	0.66667	0.86957
lathe = > grinder	9	2	1	2	5	0.47619	1.15091	0.43018	0.72396

表 4 – 2 中的数据显示：Sim（lathe，machine tool）> Sim（lathe，grinder），说明对于要求用车床（lathe）加工的资源需求者来说，机床加工（machine tool）服务比磨床（grinder）加工服务更满足其需求；Sim（lathe，machine tool）> Sim（machine tool，lathe），说明了相似度的非对称性，即机床加工服务内容包括车床加工，而车床加工并不能完全代替机床加工服务。

　　为了对所提出的服务匹配算法的性能进行评估，使用 OWL – S 服务检索测试集 OWLS – TC 进行服务匹配验证。OWLS – TC 是一个专门用于对 OWL – S 语义 Web 服务匹配算法进行性能评估的测试服务集合，它包含 580 多个使用 OWL – S 描述的服务，覆盖教育、医疗、旅游、食品、通信、经济和武器七个领域，并且提供一组测试查询包，包含 28 个测试查询，每个查询与 10~20 个 Web 服务相关联。

本书使用查准率和查全率作为评价服务匹配效果的指标。查准率（*Precision*）是指发现符合查询条件的服务数量与发现服务总数量的比率；查全率（*Recall*）是指发现符合查询条件的服务数量与 OWLS - TC 测试集中符合查询条件的服务数量的比率。试验环境：CPU 为 Pentium 4、主频为 2.93GHz、内存为 512MB 的 PC、操作系统为 Windows XP SP2，采用 Java 开发语言，服务器为 Apache Tomcat 5.0，语义词典为 WordNet V2.1，服务本体标记语言为 OWL - S V1.1，语义服务检索测试集为 OWLS - TC V2.1。本书将 28 个测试查询相对应的查准率和查全率分别求和并取平均值，最后绘制出查准率 - 查全率曲线，如图 4 - 15 所示。

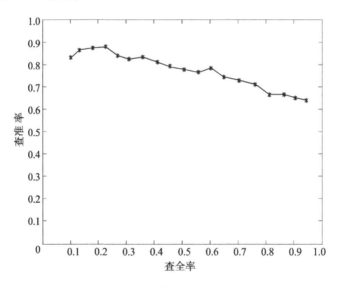

图 4 - 15　资源匹配算法查准率 - 查全率曲线

从图 4 - 15 中可以看出，一方面，资源匹配精度没有达到 90% 以上，其原因在于本书只对服务进行了 I/O 本体概念匹配，如果在服务匹配计算中综合利用服务的名称、简要描述、QoS 信息，可能会得到更高的发现精度；另一方面，在高查全率的情况下，查准率也在 68% 以上，这也说明了该服务匹配算法在阈值较低的情况下仍能得到较高精度的发现服务。

4.3　本章小结

　　本章研究了基于本体的制造网格资源描述方法，设计了适用于制造领域的本体建立流程，并初步建立了制造网格资源本体库；研究了基于蚁群算法的资源搜索算法，实现了制造网格环境下的经验式搜索，并在制造网格资源本体库的基础上提出了语义匹配算法，从而实现制造网格资源发现功能。资源描述和资源发现都是资源管理功能中的基础环节，也是实现资源交易、调度的基础。

第5章　制造网格资源预留

资源预留的目的是保证系统向用户提供具有高水平 QoS 的资源。与传统资源管理策略不同，由于制造网格资源具有动态性、管理的自治性和多重性等特点，资源预留问题在众多制造网格资源管理问题中显得更为复杂和特殊。

制造网格的主要特征是在动态的、多机构的虚拟组织中协调资源共享和协同解决问题。由于制造网格是一个高度动态的环境，系统中所提供的资源和用户的需求都在不断地发生变化。为了保证在指定的时间内取得有资质的资源节点来执行制造网格任务，目前有效的方法是开发制造网格预留系统。通过资源预留功能来保证用户在指定的时间拥有足够的资源，按序访问不同的资源，特别是对于复杂的制造网格任务，联合预留（co‑reservation）是网格资源调度器的必要功能和组成部分。

5.1　概述

网格资源分配协议工作组（Grid Resource Allocation Agreement Protocol Working Group，GRAAP‑WG）将预留定义为：由资源的请求者通过协商过程向资源的所有者获取对该资源在某一时间段内的授权。

GRAAP‑WG 定义了网格环境下资源预留的九种状态，如表 5‑1 所示。根据这九种预留状态，制造网格资源预留生命周期如图 5‑1 所示。

表 5 - 1　网格资源预留状态

请求（request）	用户请求一个或者一组资源，如果请求被接受（accepted），则转为定制（book），否则转为拒绝（declined）
拒绝（declined）	由于某种原因不能接受用户预留资源的请求，原因包括用户信誉度不高、出价较低等
定制（book）	如果资源节点接受预留请求（request），则转交给资源调度器等待执行（active）
定制中更改（book，change request）	在资源预留执行前，用户改变预留参数
取消（cancelled）	在资源预留执行前，用户取消预留请求；资源调度器也可以取消接受的预留请求
执行（active）	资源预留正在执行，而且没有结束任务
终止（terminated）	用户或者资源调度器在完成预留请求前终止执行中的预留
完成（completed）	资源节点完成预留请求
执行中更改（active，change request）	用户在预留执行过程中改变请求

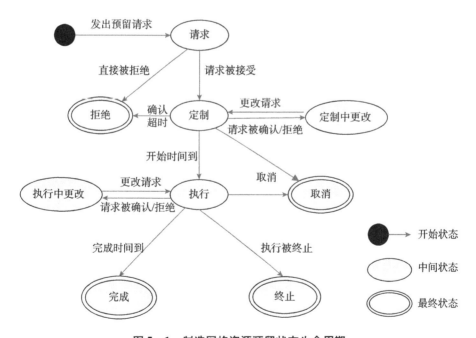

图 5 - 1　制造网格资源预留状态生命周期

网格预留可分为三类：无期限的即时预留（Immediate Reservation with No Deadline，IRND）、有期限的即时预留（Immediate Reservation with Deadline，IRD）和提前预留（Advance Reservation，AR）。图 5 - 2 所示为三种预留方式的异同。即时预留（IR）指的是当资源预留请求发出后，需要资源节点立即执行相关任务的预留方式。提前预留则是明确所需资源的 QoS 参数（包括资金预算、开始时间、终止时间和资源数量等），在任务开始前确定资源预留请求的预留方式。本书提出的联合预留是提前预留的一种高级形式。

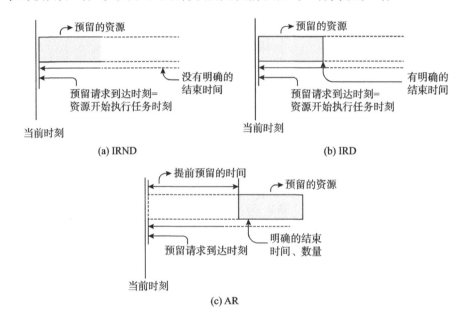

图 5 - 2　网格资源预留模式

　　一个原子预留（cell reservation）只能预留一个资源给制造任务，对于只需一个资源节点就能完成的任务，制造网格系统只需一个原子预留；而对于大量的复杂制造任务，需要多个原子预留按照制造任务（或者称为工作流）的结构组合成一个联合预留。

　　制造网格的主要目是为各种制造任务，特别是需要跨域合作的、复杂的制造任务提供便捷、优质、经济的资源。网格系统一方面要保证资源提供者获得较高的经济效益，另一方面也要为资源需求者提供优质的、价格合理的资源服务。在制造网格系统中，多个资源节点合作完成一项复杂的制造任务，把这样的资源节点称为一个虚拟组织（VO）。虚拟组织需要多个资源节点之间的合作，为了保证虚拟组织高质量地完成制造网格系统所提交的任务，根据网格资源的动态特性，需要联合预留的支持。

5.2　制造网格联合预留架构

如图 5 – 3 所示，本书设计了一个支持制造网格资源联合预留的系统架构，该架构不仅支持联合预留，还支持简单的原子预留，因为原子预留可以看作只有一个资源预留请求的联合预留。

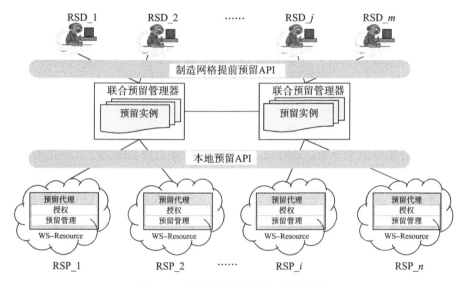

图 5 – 3　制造网格资源联合预留架构

该架构包括两个主要组成部分：本地预留代理（Local Reservation agent，LRA）和联合预留管理器（Co – Reservation MAnager，CRM）。LRA 负责当地资源节点的预留任务，包括接受、拒绝预留、将预留转送到调度器等；CRM 负责本域内的资源预留请求，包括预留请求的联合匹配和搜索、与其他域内的 CRM 通信等。根据第 4 章中的制造网格信息模型，LRA 运行于网格的叶节点上，而 CRM 部署于网格的域根节点上。其中 LRA 又包含两个组成部分：预留管理器（reservation manager）和授权管理器（authorization manager）。预留管理器主要为资源提供者提供配置资源预留策略的功能，例如，拒绝信誉度较低的资源请求者的预留请求，手动或自动配置所属资源节点可预留的时间、资源预留的最低价格等预留信息。授权管理器则负责为接收的资源预留请求颁发一个全局唯一的安全证书，用于预留开始执行时，资源节点的调度器验证该预留请求是否经过合法授权，若合法则正常按时执行。

5.2.1　制造网格资源联合预留流程

在联合预留架构中，CRM 作为一个服务工厂（service factory），对每一个联合预留请求（包括原子预留）生成一个联合预留服务实例。然后，CRM 执行联合搜索和匹配功能，最终将获取的结果以一个候选资源信息列表的形式返回给制造网格用户。CRM 负责处理预留请求者（即资源需求者）和候选资源提供者（即资源提供者）之间的协商过程，包括资源预留冲突问题的解决。本书采用 UML2.0 对制造网格系统中的联合资源预留过程进行建模，如图 5-4 所示。

从图 5-4 中可以看出，制造网格资源联合预留过程是从 CRM 接收资源需求者的联合预留请求开始，最终以一个或者多个候选资源集的方式提供给预留请求者。这些有效的候选资源联合起来就能完成一个简单或者复杂的制造任务。在 CRM 完成这一流程的过程中，关键的一步是有效地查询和匹配信息。一般来说，一个联合预留请求包含多个原子预留，并且这些原子预留是按照制造任务的结构来安排的，它们之间存在严格的时间顺序和（或者）物流、数据流依赖关系。处理这样复杂的预留请求不是一件简单、省时的事情，特别是在制造网格系统中除了资源需求者提出联合预留请求外，当已预留的资源状态发生变化（例如，资源发生故障，预计无法完成约定的预留任务，或由于网络原因退出系统等）时，也要随时重新启动联合预留。因此，在制造网格系统中，存在大量的联合预留请求，为了有效地处理联合预留中的搜索请求，切实减轻系统的工作载荷，必须采用有效的联合搜索算法。传统的搜索算法只针对于"单一"资源搜索匹配请求情况，所以本书称联合预留中的搜索过程为联合搜索。联合搜索专门针对要求同时发现、匹配多个资源信息的情况。为此，本书提出了一种新颖的联合搜索算法，具体内容见第5.2.3 节。

由于制造网格具有资源共享的特性，由 CRM 获取的资源集可能会被提供

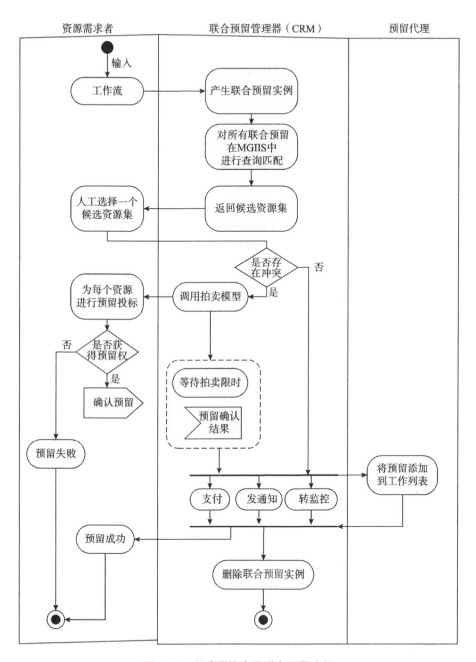

图 5 – 4 制造网格资源联合预留流程

给多个资源需求者，这就是资源预留中预留冲突问题。为此，本书采用拍卖机制来解决联合预留中的预留冲突问题，即出价最高者将最终获得该资源节点的预留使用权。联合预留请求和预留冲突问题的解决需要资源提供者和资源需求者之间进行多次交互协商，最终在他们之间达成一个预留协议。本书建议采用 WS – Agreement 作为制造网格预留协议的基本格式，如图 5 – 5 所示。

```
<wsag:Template TemplateId="xs:string">
    <wsag:Name>xs:string</wsag:Name>
    <wsag:AgreementContext xs:anyAttribute>
        <wsag:AgreementInitiator>xs:anyType</wsag:AgreementInitiator>
        <wsag:AgreementResponder>xs:anyType</wsag:AgreementResponder>
        <wsag:ServiceProvider>wsag:AgreementRoleType</wsag:ServiceProvider>
        <wsag:ExpirationTime>xs:DateTime</wsag:ExpirationTime>
        <wsag:TemplateId>xs:string</wsag:TemplateId>
        <wsag:TemplateName>xs:string</wsag:TemplateName>
    </wsag:AgreementContext>
    <wsag:AgreementTerms>
        <wsag:Term Name="xs:string"/>
            <wsag:ServiceDescriptionTerm wsag:Name="xs:string" wsag:ServiceName="xs:string">
            </wsag:ServiceDescriptionTerm>
            <wsag:ServiceReference wsag:Name="xs:string" wsag:ServiceName="xs:string">
            </wsag:ServiceReference>
            <wsag:ServiceProperties wsag:Name="xs:string" wsag:ServiceName="xs:string">
                <wsag:Variable wsag:name="CPUcount" wsag:metric="job:numberOfCPUs">
                    <wsag:Location>wsag:ServicePropertiesType</wsag:Location>
                </wsag:Variable>
            </wsag:ServiceProperties>
            <wsag:GuaranteeTerm>wsag:GuaranteeTermType</wsag:GuaranteeTerm>
            <wsag:GuaranteeTerm Name="xs:string" Obligated="wsag:ServiceRoleType">
                <wsag:ServiceScope ServiceName="xs:string"></wsag:ServiceScope>
                <wsag:QualifyingCondition></wsag:QualifyingCondition>
                <wsag:ServiceLevelObjective></wsag:ServiceLevelObjective>
                <wsag:BusinessValueList></wsag:BusinessValueList>
            </wsag:GuaranteeTerm>
    </wsag:AgreementTerms>
    <wsag:CreationConstraints>
        <wsag:Item Name="xs:string">
            <wsag:Location>xs:anyType</wsag:Location>
            <wsag:ItemConstraint>
                <xs:restriction>xs:simpleRestrictionModel</xs:restriction>
                <xs:group>xs:groupRef</xs:group>
                <xs:choice>xs:explicitGroup</xs:choice>
                <xs:sequence>xs:explicitGroup</xs:sequence>
            </wsag:ItemConstraint>
        </wsag:Item>
        <wsag:Constraint>xs:any</wsag:Constraint>
    </wsag:CreationConstraints>
</wsag:Template
```

图 5 – 5　制造网格预留协议（WS – Agreement）

　　CRM 将可预留的资源以列表的形式提供给资源需求者，由资源需求者最终选择适合自己任务的资源集，或者由制造网格优选系统进行进一步的筛选。资源需求者也可以更改约束条件重新选择和协商，具体时间序列流程如图 5 – 6

所示。签约过的资源联合预留将被送到监控模块，以监控预留状态的变化。每次预留状态发生变化，资源需求者将收到网格系统的通知提示。资源提供者可以在保证按时完成任务的情况下，暂停某一预留任务的执行，接收其他预留执行请求。这样既可以保证任务的按时完成，也可以最大化资源提供者的经济效益。另外，对于签约过的预留请求，将由第三方金融机构对资源需求者收取一定费用，无论将来预留是否被执行。

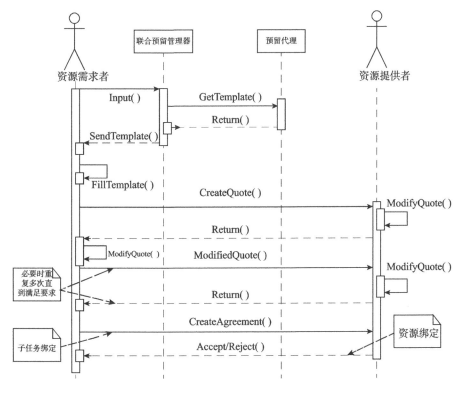

图 5 - 6　制造网格资源联合预留时间序列

5.2.2　制造网格资源联合预留 API

制造网格资源联合预留 API 用于 CRM、LRA 和网格用户之间消息的传递。通过这些 API 实现制造网格联合预留的所有功能，并能有效地屏蔽资源的异构性，减少人工对系统的干预和操作。资源提供者可以暂停和恢复预留的执行，以便接收更多的预留请求，从而优化资源配置、最大化经济收益。制造网格资源联合预留 API 如表 5-2 所示。

表 5-2　制造网格资源联合预留 API

SubmitReservation（Client_ID, TR）	编号为 Client_ID 的资源需求者向 CRM 提交资源联合预留请求，返回一个全局唯一的预留编号 CR_ID ，（TR 将在第 5.2.3 节中解释）
QueryResources（TR）	返回一个候选资源列表
BidReservation（Client_ID, CR_ID, Price）	编号为 Client_ID 的资源提供者以 Price 的价格为编号 CR_ID 预留投标竞争候选资源的预留权
CancelReservation（Client_ID, CR_ID）	编号为 Client_ID 的资源提供者向 CRM 提交取消联合预留请求
CommitReservation（Client_ID, CR_ID）	编号为 Client_ID 的资源提供者向 CRM 确认联合预留请求，返回成功或者失败提示信息
ChargeReservation（Client_ID, CR_ID）	在编号为 Client_ID 的资源提供者账户中，CRM 自动扣除编号为 CR_ID 的联合预留的费用
SendTicket（Client_ID, Token）	CRM 给编号为 Client_ID 的资源提供者发送联合预留授权证书 Token
SendMonitor（CR_ID）	CRM 将编号为 CR_ID 的联合预留送到监控模块
DeleteReservation（CR_ID）	CRM 删除编号为 CR_ID 的联合预留请求
AddSchedule（CR_ID）	本地资源预留代理将编号为 CR_ID 的资源预留请求发送到本地调度器，返回成功或者失败提示信息
SuspendJob（CR_ID）	若资源预留被暂停执行，本地资源预留代理将向资源需求者发送一条信息
ResumeJob（CR_ID）	若资源预留恢复执行，本地资源预留代理将向资源需求者发送一条信息
FinishJob（CR_ID）	若完成资源预留任务，本地资源预留代理将向资源需求者发送一条信息

5.2.3　制造网格资源联合预留算法

CRM 作为资源提供者和资源需求者之间达成预留协议的协调者，将为每一个联合预留请求提供一个可供预留选择的资源集。本节所讨论的联合预留只提供候选资源集，不涉及如何从这些资源集中进行优选的问题，制造网格资源优选问题将在第 6 章讨论。如前文所述，联合预留不同于原子预留，因为每个联合预留都可能包含若干个存在一定依赖关系的原子预留。这就要求 CRM 除了为每个原子预留请求提供候选资源，还必须考虑它们之间的时间、物流等依存关系。若独立地为每一个原子预留搜索候选资源，然后组合成一个完整的联合预留，制造网格系统中可能存在某时刻大量的联合预留请求同时发生的情况，这是一种耗时、低效的行为，严重影响了制造网格系统的有效运行。因此，第 4 章提出的搜索算法并不适用于联合预留功能，本节将引进一种新方法来解决此问题。

在介绍联合预留算法之前，先给出一个制造网格工作流实例，以便说明本小节要解决的问题，如图 5 - 7 所示。这是一个磁力轴承设计的工作流程，包括五个子任务：结构参数设计（Structure Parameterized Design，SPD）、机构仿真与分析（Mechanics Simulation and Analysis，MSA）、温度场仿真与分析（Temperature Field Simulation and Analysis，TFSA）、磁场仿真与分析（Magnetic Field Simulation and Analysis，MFSA）和控制系统仿真与分析（Control System Simulation and Analysis，CSSA），如图 5 - 7（a）所示。每个子任务需要预留一个资源予以执行，这就是前述的一个原子预留，同时每个原子预留必须按照图 5 - 7（a）所示的结构排序。因此，联合预留可以抽象为一个无向图，如图 5 - 7（b）所示。在图 5 - 7（b）中，圆代表需要原子预留请求的制造网格工作流子任务，字母 A、B、C、D、E 代表资源名称，直线代表网格系统中的物理连接，数字代表联合子任务之间的网络带宽要求。

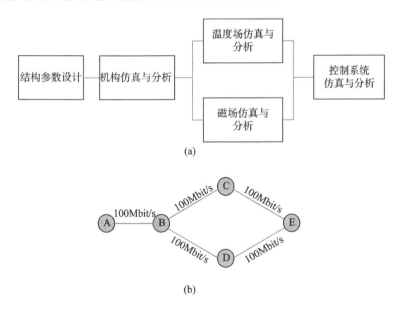

图 5 - 7　制造网格工作流实例

1. 概念定义

图 $MGG = (V, E, \tau, \mu, \omega)$ 表示整个制造网格系统的拓扑结构，其中 V 表示资源节点集，$E \subseteq V \times V$ 表示资源节点之间的物理网络连接，τ 表示资源节点的空闲时间（也可以说是资源可以被预留的时间段），$\tau(v) = \langle StartTime, EndTime \rangle$ 表示资源节点 v 的空闲时间段，μ 表示资源节点的功能名称，ω 表示资源节点之间的网络带宽。每个资源节点 $v \in V$ 都有一个全局唯一的编号 ID。对于图 MGG，需要 $(v_1, v_2) \in E$ 存在 $(v_2, v_1) \in E$，同时，本书称 MGG 为制造网格资源无向图（MGR_Graph）。

图 $TR = (V_{TR}, E_{TR}, \tau_{TR}, \mu_{TR}, \omega_{TR})$ 表示一个制造网格任务（工作流），它需要预留一系列的资源予以执行。本书把 TR 称为制造网格联合预留图（MGCR_Graph），如图 5-7（b）所示。一般情况下，网格系统中存在多个制造网格用户同时提交任务请求的情况。因此，可以说制造网格系统存在一套动态的 MGCR_Graphs 和一个相对静态的 MGR_Graph。这里的"相对静态"是指在网格用户提交任务请求的时刻，可以认为制造网格系统的拓扑结构是不变的；而由于不同用户有不同需求，所提交的任务请求也是不同的、变化的，所以在制造网格系统中 MGCR_Graph 是动态的。为了完成用户提交的联合预留请求，可以抽象为从 MGCR_Graph 中找到所有的 MGCR_Graphs 的子图同构（subgraph isomorphism）。Garey 等认为这是一个 NP 完全（NP-complete）问题。为了有效地解决此问题，本小节修改了 Messmer 算法以实现制造网格联合预留算法。

为什么要修改 Messmer 算法？由于该算法过于严格地定义子图，在图 5-8 中，其只能从图 G_3 中发现 G_2 的子图同构，而不能发现 G_1 的子图同构。在 Messmer 算法中，如果 $S = (V_S, E_S, \mu_S, \omega_S)$ 是 G 的子图，必须有 $V_S \subseteq V$ 且 $E_S \subseteq E \cap (V_S \times V_S)$。制造网格联合预留算法应该既能从图 G_3 中发现 G_2 的子图同构，也能发现 G_1 的子图同构。在制造网格系统中，若两资源节点之间存在网格连接，则认为 MGR_Graph 中相对应的两个节点之间存在一条"边"；反之，则两节点之间没有"边"。

定义 1：给定一个图 $G = (V, E, \tau, \mu, \omega)$，那么图 G 的一个子图 $S = (V_S, E_S, \tau_S, \mu_S, \omega_S)$ 必须满足以下条件：

（1）$V_S \subseteq V$

（2）$E_S \subseteq E \cap (V_S \times V_S)$

(3) $\tau_S(v) = \begin{cases} \tau(v), & \text{如果 } v \in V_S \\ \text{undefined}, & \text{其他} \end{cases}$

(4) $\mu_S(v) = \begin{cases} \mu(v), & \text{如果 } v \in V_S \\ \text{undefined}, & \text{其他} \end{cases}$

(5) $\omega_S(v) = \begin{cases} \omega(e), & \text{如果 } e \in E_S \\ \text{undefined} & \text{其他} \end{cases}$

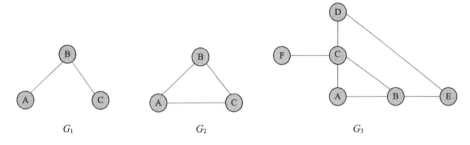

图 5 - 8　子图同构实例

与 Messmer 算法相比，在无向图中增加了时间参数 τ，因此，两个无向图的组合定义如下。

定义 2： 给定图 $G_1 = (V_1,\ E_1,\ \tau_1,\ \mu_1,\ \omega_1)$ 和图 $G_2 = (V_2,\ E_2,\ \tau_2,\ \mu_2,\ \omega_2)$，其中 $V_1 \cap V_2 = \phi$，一套 "边" 集 $E' \subseteq (V_1 \times V_2) \cup (V_2 \times V_2)$，"边" 集 E' 上的带宽函数为 ω，那么图 $G = (V,\ E,\ \tau,\ \mu,\ \omega)$ 是图 G_1 和图 G_2 的合并图，必须满足以下条件：

(1) $V = V_1 \cup V_2$

(2) $E = E_1 \cup E_2 \cup E'$

(3) $\tau(v) = \begin{cases} \tau_1(v), & \text{如果 } v \in V_1 \\ \tau_2(v), & \text{如果 } v \in V_2 \end{cases}$

(4) $\mu(v) = \begin{cases} \mu_1(v), & \text{如果 } v \in V_1 \\ \mu_2(v), & \text{如果 } v \in V_2 \end{cases}$

(5) $\omega(v) = \begin{cases} \omega_1(v), & \text{如果 } v \in E_1 \\ \omega_2(v), & \text{如果 } v \in E_2 \\ \omega(v), & \text{如果 } v \in E' \end{cases}$

2. 分解 MGCR_Graph

$B = \{TR_1, TR_2, \cdots, TR_n\}$ 表示一系列 MGCR_Graph 的集；$D(B)$ 表示 B 的分解结果，实质上是一个四元组 (TR, TR', TR'', E) 的集合，其中：

（1）TR、TR' 和 TR'' 各表示一个图，而且 $TR' \subset TR$，$TR'' \subset TR$。

（2）E 表示边集，使得 $TR = TR' \cup_E TR''$。

（3）对于每个图 TR_i 都存在一个四元组 $(TR, TR', TR'', E) \in D(B)$，其中 $TR = TR_i$，$i = 1, \cdots, n$。

（4）对于每个四元组 $(TR, TR', TR'', E) \in D(B)$，$D(B)$ 中不存在另一个四元组 $(TR_1, TR_1', TR_1'', E_1) \in D(B)$，其中 $TR = TR_1$。

（5）对于每个四元组 $(TR, TR', TR'', E) \in D(B)$：

① 如果图 TR' 包含多个节点，则存在一个四元组 $(TR_1, TR_1', TR_1'', E_1) \in D(B)$，其中 $TR' = TR_1$。

② 如果图 TR'' 包含多个节点，则存在一个四元组 $(TR_3, TR_3', TR_3'', E_3) \in D(B)$，其中 $TR' = TR_3$。

③ 如果图 TR'' 只包含一个节点，则不存在另一个四元组 $(TR_4, TR_4', TR_4'', E_4) \in D(B)$，其中 $TR'' = TR_4$。

分解 MGCR_Graphs 算法是一个迭代过程，起始于一系列的完整的图 MGCR_Graphs TR，最终结束于只包含一个节点的图。$D(B)$ 中的每一个节点代表制造网格中一个子任务的资源预留请求。需要注意的是，分解 MGCR_Graphs 算法需要充分利用已经被分解的图，例如，图 TR_i，TR_j……都包含一个公共子图 G，或者一个 MGCR_Graph TR 中包含多个一样的图 G，则分解算法只分解一次图 G。分解集 $D(B)$ 可以用 $\{(S_1, S_1', S_1'', E_1), \cdots, (S_m, S_m', S_m'', E_m)\}$ 表示，具体分解过程如图 5-9 所示。

根据定义 1，易知给定一个图和它的节点子集，其子图不是唯一的。也就是说，如果 S_{max} 和 TR_i 都是图 TR 的子图，并且 $V_{S_{max}} = V_{TR_i}$，也不能确定 $S_{max} = TR_i$。在图 5-9 的第 7 步中，$\Delta E = E_{TR} - E_{S_{max}} - E_{TR-S_{max}}$ 表示属于 TR 但不属于 S_{max} 和 $TR - S_{max}$ 的边集，而不仅仅是在图 TR 中 S_{max} 和 $TR - S_{max}$ 之间的边，因为可能存在这样的边：$E_{S_{max}} \subset E_{TR} \cap (V_{S_{max}} \times V_{S_{max}})$ 但不是 $E_{S_{max}} = E_{TR} \cap (V_{S_{max}} \times V_{S_{max}})$。

3. 子图同构

经过上面的分解过程，每个 MGCR_Graph 都被分解为单个节点和相应的

边。例如，图 5 – 7（b）可以分解为 5 个节点和 5 条边。在 $D(B)$ 中，单个节点也可以用 $SG = (V_{SG}, E_{SG}, \tau_{SG}, \mu_{SG}, \omega_{SG})$ 来表示，只不过 $|V_{SG}| = 1$。如果两个图 TR_i 和 TR_j 包含同一个节点，则在 $D(B)$ 中只存在一个节点。通过这种方式，最大限度地减少 $D(B)$ 中的节点数量，进而减少 CRM 匹配工作量，大大提高系统的效率。为了发现适合执行子任务的所有候选资源节点，CRM 将根据第 4 章中的匹配算法，匹配 $D(B)$ 中的所有节点与 MGG 中的所有节点。同时，CRM 将检查资源节点的时间是否满足预留的要求。如果有这样的资源节点，CRM 将记录该节点的编号。这个编号则称为 SG 到 MGG 的子图同构，F_{SG} 表示图 SG 的所有子图同构。

Decomposition(B)

  1.令 $B=\{TR_1,TR_2,\ldots,TR_n\}$ 且 $D(B)=\phi$

  2.for i=1 to n

      Decompose(TR_i);

      end

Decompose(TR)

  1.令 D 代表一个分解且 $S_{max}=\phi$

  2.如果 $|V_{TR}|==1$ 则退出该程序

  3.对于所有 $(TR_i,TR_i',TR_i'',E_i)\in D(B)$

      如果 TR_i 是 TR 的一个子图且 $S_{max}<TR_i$,则令 $S_{max}=TR_i$

  4.如果 $S_{max}\neq\phi$ 则

      (a)如果 $|V_{S_{max}}|==|V_{TR}|$ 则

          (1)如果 $|E_{S_{max}}|==|E_{TR}|$ 则退出该程序

          (2)否则 $|E_{S_{max}}|<|E_{TR}|$,则

              向 D 中添加 $(TR,S_{max},NULL,E)$,其中 $E=E_{TR}-E_{S_{max}}$,然后退出该程序

      (b)否则 $|V_{S_{max}}|<|V_{TR}|$,则到第 6 步

  5.如果 $(S_{max}==\phi)\&\&(|V_{TR}|>1)$,则

      (a)随机选择 TR 的一个子图 S_{max}

      (b)Decompose(S_{max})

  6. Decompose($TR-S_{max}$)

  7.向 D 添加 $(TR,S_{max},TR-S_{max},\Delta E)$,其中 $\Delta E=E_{TR}-E_{S_{max}}-E_{TR-Smax}$

图 5 – 9　分解 MGCR_Graphs 算法伪代码

下面需要进行子图同构的合并。对于任意的 $(S,S_1,S_2,\Delta E) \in D(B)$，$F_1$、$F_2$ 分别代表 S_1、S_2 到 MGG 的子图同构，ΔE 表示存在于图 S 中但不存在于 S_1 和 S_2 中的边集。制造网格联合预留合并算法如图 5-10 所示。

Combine$((S,S_1,S_2,\Delta E),F_1,F_2,MGG)$

1. 令$S=(V_S,E_S,\tau_S,\mu_S,\omega_S),S_1=(V_1,E_1,\tau_1,\mu_1,\omega_1),S_2=(V_2,E_2,\tau_2,\mu_2,\omega_2),MGG=(V,E,\tau,\mu,\omega)$ 和$F=\phi$

2. 如果$S_2==NULL$

   (2.1)对每一个$f_1 \in F_1$

      (2.1.1)对每条边$\Delta e=(v_1,v_2) \in \Delta E$

         (2.1.1.1)观察条件(a)和(b):

         (a)$e=(f_1(v_1),f1(v_2)) \in E$

         (b)$w_S(\Delta e)==w(e)$

         (2.1.1.2)如果(a)和(b)都成立，则让子图同构$f:V_1 \cup V_2 \to V,S_1 \cup_{\Delta E} S_2 \to MGG$定义为:$f(v)=f_1(v)$,向集合$F$添加$f$,例如,$F=F \cup \{f\}$

3. 否则$S_2 \neq NULL$

   (3.1)对所有成对的f_1,f_2,其中$f_1 \in F_1,f_2 \in F_2$

      (3.1.1)观察条件(3.1.1.1)和(3.1.1.2):

         (3.1.1.1)$f_1(V_1) \cap f_2(V_2)=\phi$

         (3.1.1.2)对每条边$\Delta e=(v_1,v_2) \in \Delta E$

            (a)如果$v_1 \in V_1$且$v_2 \in V_1$,则存在一条边$e=(f_1(v_1),f_1(v_2)) \in E$且 $w_s(\Delta e)==w(e)$

            (b)否则若$v_1 \in V_2$且$v_2 \in V_2$,存在一条边,$e=(f_2(v_1),f_2(v_2)) \in E$ 且$w_s(\Delta e)==w(e)$

            (c)否则若$v_1 \in V_1$且$v_2 \in V_2$,则存在一条边$e=(f_1(v_1),f_2(v_2)) \in E$ 且$w_s(\Delta e)==w(e)$

            (d)否则若$v_1 \in V_2$且$v_2 \in V_1$,则存在一条边$e=(f_2(v_1),f_1(v_2)) \in E$ 且$w_s(\Delta e)==w(e)$

      (3.1.2)如果(3.1.1.1)和(3.1.1.2)同时成立,则让子图同构$f:V_1 \cup V_2 \to V$, $S_1 \cup_{\Delta E} S_2 \to MGG$定义如下:

$$f(v)=\begin{cases} f_1(v),\text{如果}v \in V_1 \\ f_2(v),\text{如果}v \in V_2 \end{cases}$$

4.返回F
将f添加到集合F中，如$F=F \cup \{f\}$

图 5-10　合并算法伪代码

根据上述分解算法和合并算法，可以得到制造网格联合预留算法，如图 5-11所示。该算法的输入只有两项：D（B）和 MGG。正如第 5.2.1 节所述，一个 CRM 部署于一个虚拟组织内，一个虚拟组织内有众多的资源提供者和资源需求者。在制造网格联合预留的应用中有如下两种情况：

（1）在某一时刻，只有一个资源需求者向 CRM 提出联合预留请求。

（2）在某一时刻，多个资源需求者向 CRM 提出多个联合预留请求。

本章提出的制造网格联合预留算法适用于以上两种情况，理由如下：对于第一种联合预留情况，只需设置 $B = \{TR_1, TR_2, \cdots, TR_n\}$ 中的 $n = 1$，CRM 将从制造网格系统中选择所有有效的候选资源节点，最终为联合预留请求者提供一套候选资源节点的编号索引，每个编号索引代表制造网格系统中一个有效的资源节点。

MGrid_CR_algorithm($D(B)$,MGG)

1. 令$D(B)=\{(S_1,S_1',S_1'',E_1),...,(S_m,S_m',S_m'',E_m)\}$,$P$表示$D(B)$中的所有图,如$P=\bigcup_{i=1}^{n}\{S_i,S_i',S_i''\}$

2. 对于所有$S \in P$,将S标记为$unsolved$

3. 对于所有$S=(V_S,E_S,\mu_S,\omega_S) \in P$且$|V_S|==1$

　　(a)$F_S=FS\_matching(S,MGG)$

　　(b)如果$F_S=\phi$,则标记S为$dead$；否则标记S为$alive$,并记录S的F_S

4. 若$S \in P$且标记为$unsolved$,则

　　(a)选择$(S,S_1,S_2,\Delta E) \in D(B)$,其中$S$标记为$unsolved$且$S_1$和$S_2$都标记为$alive$;如果没有,则到第5步

　　(b)令F_1、F_2分别代表从S_1和S_2到MGG的子图同构集合

　　(c)$F_S=Combine((S,S_1,S_2,\Delta E),F_1,F_2,MGG)$

　　(d)如果$F_S=\phi$,则标记S为$dead$；否则标记S为$alive$,且记录S的F_S

5. 对于每个$MGAR\_Graph$标记为$alive$的TR_i,输出TR_i的子图同构

图 5-11　制造网格联合预留算法伪代码

5.3　联合预留算法举例

在图 5-12 中，图 G_1 和图 G_2 是两个 MGCR_Graph，图 G 是 MGR_Graph。制造网格联合预留算法将同时寻找图 G_1 和图 G_2 的子图同构。在图 G 中，圆圈

旁边的数字代表制造网格系统中资源节点的唯一编码。为了便于说明，本小节暂不比较时间参数。

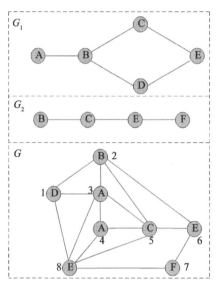

图 5 - 12　联合预留算法实例

图 G_1 和图 G_2 之间最大的公共子图为图 g_8，它们最终分解为六个节点，即 g_1、g_2、g_3、g_4、g_5、g_6。首先，联合预留算法将发现 g_1、g_2、g_3、g_4、g_5、g_6 的子图同构，例如，图 g_2 的子图同构为 {3}，{4}。其次，联合预留算法将较小的子图同构合并，直到组成一个完整的图（如图 G_1、图 G_2）。在图 5 - 13 中，图 g_1 的子图同构为 {1}，图 g_9 有两个子图同构：{3 2 5 6} 和 {3 2 5 8}，然而只有 {1} 和 {3 2 5 8} 合并才是有效的。因为节点 {1} 和 {6} 之间没有边，所以最终图 G_1 的子图同构为 {3 2 5 1 8}，图 G_2 的子图同构为 {2 5 6 7} 和 {2 5 8 7}。可见，制造网格联合预留算法的目的就是发现图 MGCR_Graph 到图 MGR_Graph 所有子图同构。

现在比较 Messmer 算法，以便更明确地指出本章所提出算法的差异。根据 Messmer 算法，{3 2 5 1 8} 不是 G_1 到 G 的子图同构，{2 5 6 7} 也不是 G_2 到 G 的子图同构。然而，本章所提出的联合预留算法则能发现这种类型的子图同构，更重要的是制造网格系统联合预留需要发现这样的子图同构。

为了检验本章所提出的联合预留算法的性能，实验中随机产生所需的无向图，算法运行于 MATLAB V7.6 和个人计算机平台（CPU：3.39GHz；内存：2GB）上。

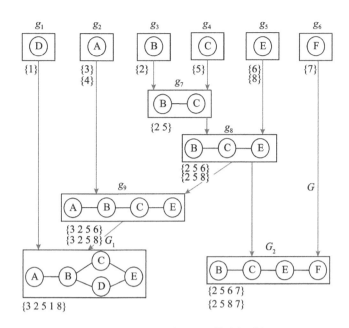

图 5 – 13　图 G_1 和图 G_2 的分解过程

MGR_Graph 由 BRITE 工具产生，包括 1000 个节点和 2000 条边。最小的邻度为 2，最大的邻度为 19。MGCR_Graph 则从 MGR_Graph 中产生，这样能保证一定存在子图同构，便于验证算法的可行性。每个 MGCR_Graph 中的节点个数为 1 ~ 10，另外，假设 MGCR_Graph 中节点的名称与节点个数相同。如图 5 – 14 所示，MGCR_Graph 的数量设置为 1 ~ 20，其中节点的数量设置为 1 ~ 10，同时边的数量为 1 ~ 12。算法的运行时间如图 5 – 14 所示，从图中可以看出，随着 MGCR_Graph 数量 B 的增加和 MGCR_Graph 规模的扩大，算法运行时间不断增加。这是由于以上两个因素的增加意味着子图同构中匹配的节点数目在不断增加，CRM 需要为每个节点向 MGR_Graph 搜索匹配。

下面验证相同子图对联合预留算法的影响。MGCR_Graph 中包含相同节点的数目设置为 3 ~ 8。从图 5 – 15 中可以看出，随着相同子图数目的增加，算法运行时间明显减少，这也表明该算法对子图同构中相同子图的规模很敏感，这一特性对制造网格联合预留有很大作用。因为在制造网格系统中，若大量的联合预留请求中包含若干个相同的资源请求，该算法将能提供效率较高的搜索性能，减少系统负荷，有助于保持系统的稳定性。

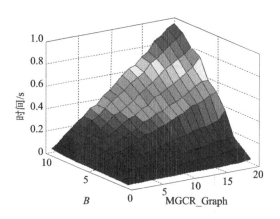

图 5 – 14 随 MGCR_Graph 和 B 大小变化联合预留算法耗费的时间

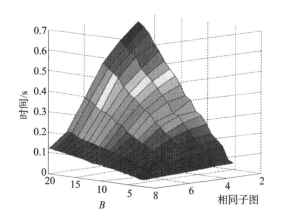

图 5 – 15 相同子图对联合预留算法的影响

5.4 本章小结

本章讨论了制造网格系统中的预留问题，特别是针对制造业的实际应用情况，重点研究了联合预留关键问题，包括联合预留框架和联合预留算法。

第6章 基于混沌量子进化的
制造网格资源调度

以经济、便捷的方式执行复杂的制造任务（工作流），是开发制造网格系统的最终目的和动力。现有的网络化制造信息系统都能完成单一或多种制造资源的发布和购买以及某些特殊制造任务，但这些信息系统面向的行业范围比较狭窄，不能被广泛地推广使用。工作流是工业界和科学界广泛采用的一种完成复杂任务的形式，而资源调度则是从空间和时间上将资源匹配到工作流中的每个子任务上。本章提出的制造网格资源调度针对的就是工作流，然而，由于制造网格资源的特性，资源调度是制造网格资源管理中一个棘手的问题。为此，本章首先简要介绍制造网格系统中的工作流架构，从中引出所要讨论的问题。

6.1 制造网格工作流

有研究者将制造网格工作流定义为：为了完成一项特定的制造任务，执行于虚拟组织中异构的、分布的、顺序的资源节点上的活动流程。从资源提供者的角度来看，工作流为其扩大了资源使用范围，使其不仅可以完成单一制造任务，还可以参与复杂的、多工序的生产制造任务；从资源消费者的角度来看，工作流为其完成复杂生产任务提供了一种透明的、无缝的管理方式。为了实现资源的优势互补、经济效益的提高，资源调度成为制造网格工作流管理中的一个重点问题。前期研究将制造网格任务分为两类：单一资源服务请求任务和多个资源服务请求任务。

本节提出了一种制造网格工作流架构，如图6-1所示。它是一种较为抽象的架构，没有考虑所用的语言、平台、算法，但是它能概括出制造网格系统中工作流从定义到执行的过程。

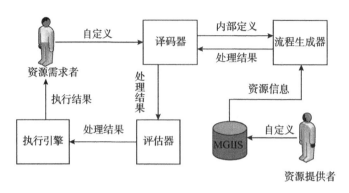

图 6-1 制造网格工作流架构

从图 6-1 中可以看出，该架构主要有两个参与者：资源需求者和资源提供者。资源提供者发布资源信息，资源需求者消费、使用这些资源。该架构还包括译码器（translator）、流程生成器（process generator）、评估器（evaluator）、执行引擎（execution engine）和 MGIIS。译码器负责将用户使用各种语言定义的制造任务映射为制造网格系统采用的内部语言，以便于系统对工作流进行建模。流程生成器从 MGIIS 中搜索、匹配资源信息来满足资源需求者的要求。评估器负责评估流程生成器生成的每一个工作流方案。执行引擎负责根据选定的方案执行工作流任务。因此，制造网格工作流主要包括以下五个步骤。

（1）描述资源。资源提供者对自己的资源进行描述后提交到制造网格系统中，具体方法如第 4.1 节所述。

（2）语言映射。目前还没有统一的资源建模语言，各个用户会根据自己的实际情况选用合适的语言来描述资源，而制造网格系统则需要采用一种正式的、精确的语言来处理资源信息。因此，制造网格资源管理系统需要具备"语言映射"功能。

（3）生成方案。流程生成器将各个资源组合排列来满足资源提供者的需求，包括符合需求的资源、资源之间的控制流等。

（4）资源调度。一般情况下，制造网格资源市场中存在大量满足用户需求的资源，因此，流程生成器可能产生大量的工作流执行方案。在这种情况下，需要根据这些资源的 QoS 信息进行方案效用的评估，其中，资源管理者需要指定各种属性的权重。制造网格资源管理系统调度的质量需要根据方案评估的结果来决定。

（5）执行方案。资源需求者选定一个工作流执行方案后，该方案需要在网格系统中执行。每个资源节点按顺序执行相应的子任务。

在前期的研究中，将工作流分为四种基本模型，即串联模型、循环模型、并联模型和选择模型。除串联模型外，其他三种模型在资源调度方案评估中的计算比较复杂。为此，前期研究中将四种基本模型进行数学模型的合并，从而降低计算上的复杂程度，如图 6 - 2 所示，其中包含如下定义。

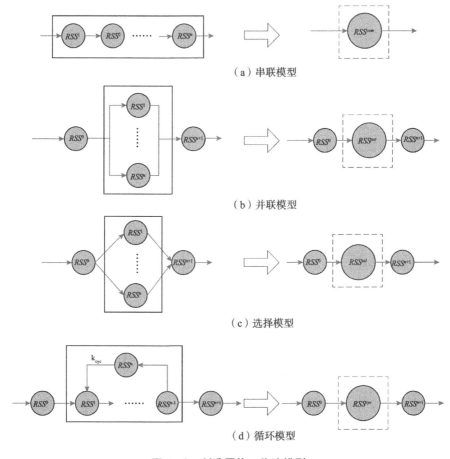

（a）串联模型

（b）并联模型

（c）选择模型

（d）循环模型

图 6 - 2　制造网格工作流模型

定义 1：制造网格工作流形式化表示为 $T = \{ST^1,\ ST^2,\ \cdots,\ ST^j,\ \cdots,\ ST^N\}$，其中 $ST^j (j = 1,\ 2,\ 3,\ \cdots,\ N)$ 表示工作流 T 中的第 j 个任务。

定义 2：符合任务 $ST^j (j = 1,\ 2,\ 3,\ \cdots,\ N)$ 需求的候选资源服务集（Resource Service Set，RSS）为 $RSS^{\,j} = \{1, 2, \cdots, m_j\}$，即制造网格系统有 m_j 个资源可以执行任务 $ST^{\,j}$。

6.2 制造网格 QoS

制造网格环境下的资源调度是跨多个管理域的，如何保证资源调度的质量就成为制造网格资源管理中一个关键的问题，网格 QoS 在解决此问题中起到了基础性作用。

文献［42］中提出了支持资源预留和配置的网格资源管理通用架构（General – purpose Architecture for Reservations and Allocation，GARA），并在 GARA 中提供了计算资源的相关 QoS 控制接口。文献［43］将网格 QoS 参数分为记账 QoS、服务 QoS、临时 QoS、可靠度 QoS 和安全 QoS 五种类型。文献［104］将制造资源 QoS 属性分为交货时间（time）、加工质量（quality）、加工费用（cost）、售后服务（service）、信誉度（creditability）和可靠度（reliability）。文献［107］使用一维 QoS 参数为标准改进网格资源调度 Min – Min 算法，从而极大地缩短了任务的执行时间。文献［108］提出的制造网格资源管理系统架构中包含 QoS 管理模块，用于提供服务级别协议（SLA）管理、资源预留和 QoS 策略管理功能。

综观上述文献，制造网格 QoS 的早期工作主要是提出了 QoS 分类、QoS 参数及以 QoS 为标准的资源调度算法。实质上，这些 QoS 参数可以归纳为物理资源的属性信息，它们位于网格系统的最底层，但是 QoS 在网格系统中的不同层次上的作用和表现形式不同。因此，有必要对制造网格 QoS 的层次结构进行进一步的研究。

根据第 1 章中制造网格系统架构的分层特点，将制造网格 QoS 分为三个层次（图 6 – 3），通过各层之间 QoS 参数的映射，共同组成一个有机的整体，为制造网格资源调度提供更有力的支持。

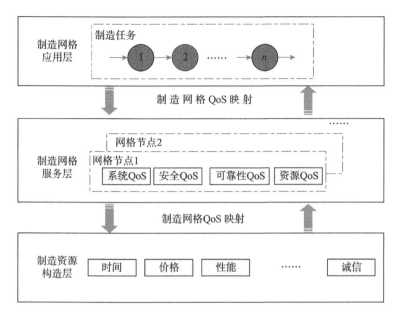

图 6 - 3　制造网格 QoS 的层次结构

1. 制造网格应用层 QoS

制造网格应用层通过访问合适的网格资源节点来完成各种任务,它们不关心如何调度和共享资源,而是关心网格资源节点是否满足任务对资源的质量要求,即以制造任务的 SLA 为标准。制造网格应用可能通过一个网格资源节点即可完成,也可能需要多个网格资源节点按照一定顺序来执行,本书把这些执行任务的网格节点抽象为工作流。对于工作流,制造任务的 SLA 需要从各个网格资源节点的 QoS 出发统一进行映射,确保网格资源节点的 QoS 满足制造任务的 SLA 需求。

本书用有向图表示制造网格工作流,图中的节点表示网格资源节点,图中的边表示网格资源节点之间的物流或数据流。网格资源节点是资源调度的最小单位,一个工作流由多个网格资源节点共同配合执行。QoS 是针对网格资源节点而言的,那么,为了确保制造任务的 SLA 需求,必须描述和测量网格资源节点的 QoS。

2. 制造网格服务层 QoS

这一层是制造网格 QoS 关键的中间层,将制造任务的 SLA 需求映射到某一类制造网格 QoS,并将制造资源构造层中的 QoS 整合化简。通过这种方式,制造网格服务层不仅能屏蔽物理资源的异构性、地域性，还能降低制造资源构造层 QoS 的复杂性和多样性。为此，前期工作对制造网格 QoS 的分类进行了研究。一方面，可以很详细地表达制造网格 QoS 参数的特性；另一方面，可以很方便地将制造资源构造层的 QoS 参数分别映射转换成制造网格服务层的 QoS 参数，或者反方向地进行 QoS 参数转换。本书将采取其中六个主要指标作为制造网格资源调度标准，即时间（T）、费用（C）、可靠性（Rel）、功能相似性（FS）、可维护性（Ma）、信任度（$Trust$），则 QoS 模型为：$QoS = (T, C, Rel, Ma, Trust, FS)$。

3. 制造资源构造层 QoS

这一层作为最底层，主要负责获取各种物理资源的 QoS 属性参数，以支撑制造网格服务层的 QoS 映射。根据制造资源的分类，即人力资源、设备资源、技术资源、物料资源、应用系统资源、公共服务资源、用户信息资源、计算资源和其他资源，分别统计、添加制造资源的 QoS 属性指标，从而建立一个完整的制造网格底层资源 QoS 体系。

6.3　制造网格资源调度

制造网格环境下的资源调度是一个复杂的问题，这是因为资源种类多、范围广，需要考虑的因素也很复杂。若一个工作流中包含较多的任务，经过资源发现或资源预留得到的候选资源集，其资源组合数量将是极其巨大的。因此，制造网格资源调度问题也是计算领域的 NP – Hard 问题。为了从众多的资源组合方案中获得最为合理的一个，需要一种高效的方法从中找出最优的资源组合方案作为调度计划，即为多目标约束优化问题找到有效的解决方案。

本书将量子进化算法与混沌算法结合起来，提出了混沌量子进化算法，用于解决制造网格资源调度中的组合方案优化问题。该算法既利用了量子进化算法的并行性，又汲取了混沌算法的全局搜索的特点。

量子计算在 20 世纪 80 年代由贝尼奥夫（Benioff）和费曼（Feynman）先后提出。贝尼奥夫提出了利用量子物理的二态系统模拟数位 0 与 1，可以设计出效能更高的计算工具的设想。随后，费曼发展了贝尼奥夫的设想，提出了按照量子力学规律工作的计算机的概念。1996 年格罗弗（Grover）针对数据处于无序状态的数据库，提出了一种量子搜索算法，将搜索步骤从经典算法中的 N 减少到 $\sqrt{N}$。量子计算利用量子理论中有关量子态的叠加态、干涉性和纠缠性，通过量子的并行计算来加速 NP 的求解。进化算法从本质上是模拟生物系统、种群之间适应环境、相互作用、不断进化和优化的启发式搜索算法。而量子进化算法是将量子计算与传统的进化算法相结合，在使用相同时间和存储量的计算资源时，为传统进化算法提供巨大的增益。下面介绍制造网格资源调度中将要使用的基本概念和原理。

6.3.1　量子进化算法

1. 量子比特

在经典计算中，采用二进制数 0 和 1 表示信息，通常称为比特（bit）。在量子计算中，采用 | 0 > 和 | 1 > 表示微观粒子的两种基本状态，这两种基本状态的线性组合称为量子比特（quantum bit）。称 "| >" 为狄拉克（Dirac），它在量子力学中表示状态。比特与量子比特的区别在于：量子比特除了可以表示 0 和 1，还可以表示两种状态之间的线性组合态，这就是其叠加性，形式化表示为

$$| \varphi \rangle = \alpha | 0 \rangle + \beta | 1 \rangle$$

式中，α 和 β 是一对复数，且满足 $|\alpha|^2 + |\beta|^2 = 1$。

2. 量子染色体

在量子进化算法中，量子比特是最小的信息单位。多个量子比特组合起来称为量子染色体，表示为

$$q = \begin{bmatrix} \alpha_1 & \alpha_2 & \alpha_3 & \cdots & \alpha_m \\ \beta_1 & \beta_2 & \beta_3 & & \beta_m \end{bmatrix} \tag{6-1}$$

式中，m 为量子比特的个数，且 $|\alpha_i|^2 + |\beta_i|^2 = 1$（$i = 1, 2, 3, \cdots, m$）。

若干个量子染色体可以组成一个种群，表示为

$$Q(t) = \{q_1^t, q_2^t, q_3^t, \cdots, q_n^t\}$$

式中，n 为该种群中包含量子染色体的数目；t 为种群进化的代（generation）数。

$Q(t)$ 对应的二进制解决方案为 $P(t) = \{X_1^t, X_2^t, X_3^t, \cdots, X_n^t\}$，其中 $X_j^t = $

$(x_{j1}^t, x_{j2}^t, x_{j3}^t, \cdots, x_{jm}^t)$ $(j = 1, 2, \cdots, n)$ 是通过观察量子染色体 q_j^t 获得的:

$$\forall \zeta \in [0,1], x_{ji}^t = \begin{cases} 1, & \text{当 } \zeta < |\beta_{ji}^t|^2 \text{ 时} \\ 0, & \text{其他} \end{cases} (i = 1,2,3,\cdots,m)$$

3. 量子旋转门

在量子进化算法中，量子比特中状态的变化是通过量子门来实现的。量子门有非门、控制非门、旋转门、阿达玛（Hadamard）门等。由于旋转门实现简单、效果理想，本书采用旋转门作为量子门，即量子旋转门，量子比特中状态的变化也称为量子比特旋转。

量子比特旋转的数学表达式为

$$\begin{bmatrix} \alpha_{ji}^{t+1} \\ \beta_{ji}^{t+1} \end{bmatrix} = U_{ji}^t \times \begin{bmatrix} \alpha_{ji}^t \\ \beta_{ji}^t \end{bmatrix}, (i = 1,2,3,\cdots,m) \tag{6-2}$$

式中，m 为量子染色体 q_j^t 中量子比特的数目。量子旋转门 U_{ji}^t 由下式定义:

$$U_{ji}^t = \begin{bmatrix} \cos\theta_{ji}^t & -\sin\theta_{ji}^t \\ \sin\theta_{ji}^t & \cos\theta_{ji}^t \end{bmatrix}, \theta_{ji}^t = \rho(\alpha_{ji}^t, \beta_{ji}^t)\Delta\theta \tag{6-3}$$

式中，θ_{ji}^t 为量子比特趋向状态"0"或"1"的旋转角度，可以通过表 6-1 查询；$\Delta\theta$ 在本书中设置为 0.09π。

表 6-1 中的 b_i 表示当前最优方案 B 中第 i 个量子比特的二进制解，$f(\cdot)$ 表示适应函数，将在后文中予以阐述。原始量子进化算法的步骤如图 6-4 所示。

表 6-1 量子进化算法中的旋转角度

x_{ji}^t	b_i	$f(X_j^t) \geq f(B)$	$\Delta\theta$	$\rho(\alpha_{ji}^t, \beta_{ji}^t)$			
				$\alpha_{ji}^t\beta_{ji}^t > 0$	$\alpha_{ji}^t = 0$	$\alpha_{ji}^t\beta_{ji}^t < 0$	$\beta_{ji}^t = 0$
0	0	False	0.09π	-1	± 1	$+1$	∓ 1
0	0	True	0.09π	-1	± 1	$+1$	± 1
0	1	False	0.09π	$+1$	∓ 1	-1	± 1
0	1	True	0.09π	-1	± 1	$+1$	∓ 1
1	0	False	0.09π	-1	± 1	$+1$	∓ 1
1	0	True	0.09π	$+1$	∓ 1	-1	± 1
1	1	False	0.09π	$+1$	∓ 1	-1	± 1
1	1	True	0.09π	$+1$	± 1	-1	± 1

```
第1步:设置t=0;
第2步:初始化一群量子个体Q(t);
        观察Q(t)的状态得到P(t);
        使用适应度函数f(Xⱼ)评估P(t);
        将P(t)中的最优方案存到B中;
第3步:while迭代标准K₁没有达到时,
        t=t+1;
        观察Q(t-1)的状态得到P(t);
        评估P(t);
        使用量子门更新Q(t);
        将P(t)和B中的最优方案存到B中;
        end
```

图 6 – 4　原始量子进化算法的步骤

6.3.2　混沌搜索

混沌现象是一种普遍存在的复杂的运动形式,是确定的系统所表现的内在随机行为的总称,其根源在于系统内部的非线性交叉耦合作用,而不在于大量分子的无规则运动。混沌现象具有如下特征:①随机性,即具有类似随机变量的不确定性,然而这种不确定性不是来源于外部环境的随机因素对系统运动的影响,而是系统自发产生的;②遍历性,即混沌运动在其混沌区域内是各态历经的,在有限的时间内,混沌轨道经过混沌区内的每个状态点;③规律性,即混沌不是纯粹的无序,而是不具备周期性和其他明显对称特征的有序态;④有界性,混沌运动的轨迹始终局限于一个确定的区域,这个区域被称为混沌吸引域,因此从整体上说,混沌系统是稳定的。

混沌搜索利用了混沌现象的特征,具有全局搜索能力、有效跳出局部优化的能力。本书采用一维 Logistic 映射来产生混沌变量,Logistic 映射的形式如下:

$$x_{cn+1} = \mu x_{cn}(1 - x_{cn}), (cn = 0, 1, 2, \cdots \text{且} 0 \leqslant x_0 \leqslant 1) \qquad (6-4)$$

如图 6 – 5 所示,其中 $\mu \in (3, 3.449]$ 时周期为 2, $\mu \in (3.449, 3.544)$ 时周期为 4。随着 μ 的增加,分岔越来越密,混沌程度越来越高,直至 $\mu = 3.569$ 时分岔周期变为 ∞,最后"归宿"可取无穷多的不同值,表现出极大的随机性。而周期无穷大就等于没有周期,此时系统开始进入完全的混沌状态,

本书取 $\mu=4$。简易的混沌搜索算法如图 6-6 所示。

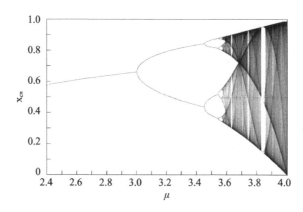

图 6-5　混沌倍周期分岔图

第1步: 设置最大迭代次数 K_2,初始化最佳适应度值 $f*$ 和混沌变量 x_0;

第2步: 将混沌变量 x_{cn} 转化为实际优化问题中的决策变量;

第3步: 使用适应度函数 $f(\cdot)$ 和决策变量评估新的优化方案的适应度值;

第4步: 如果新方案的适应度值大于存储的最优方案的值,则把新方案作为当前最优方案,并更新当前最大适应度值 $f*$;

第5步: 当达到最大迭代次数时,输出最优方案及其适应度值;否则, $cn=cn+1$,使用式(6-4)计算 x_{cn},然后返回第2步。

图 6-6　简易的混沌搜索算法

6.3.3　混沌量子进化算法

为了充分利用混沌搜索的全局搜索能力和量子进化的并行计算性,本书将两者结合起来,提出基于混沌量子进化的制造网格资源调度算法,其具体步骤如下。

第 1 步: 给定一个制造网格工作流 $T=\{ST_1, ST_2, ST_3, \cdots, ST_N\}$, M_j 是任务 ST_j ($j=1, 2, \cdots, N$) 候选资源的数量。根据第 6.3.1 节,令 m 表

示 M_1，M_2，$\cdots$，M_N 二进制数的位数之和（如何对资源进行编码和解码请参考第 6.3.4 节）。

第 2 步：设置 $t = 0$，并初始化一批量子染色体 $Q(t) = \{q_1^t, q_2^t, q_3^t, \cdots, q_n^t\}$，其中每个量子染色体 $q_i^t(i = 1, 2, \cdots, n)$ 中量子比特的长度都为 m。

第 3 步：根据第 6.3.1 节，通过观察量子染色体种群 $Q(t) = \{q_1^t, q_2^t, q_3^t, \cdots, q_n^t\}$，得出对应的二进制解决方案 $P(t) = \{X_1^t, X_2^t, X_3^t, \cdots, X_n^t\}$。

第 4 步：因量子比特在旋转过程中可能会超出应用范围，需要对 $P(t)$ 进行调整，具体步骤如图 6 - 7 所示。

Repair (X)
第1步: 根据第6.3.4节，二进制方案X被翻译为十进制字符串 　　　$R=\{r_1, r_2, r_3, \cdots, r_N\}$;
第2步: 如果$r_j=0$，则设置$r_j=1$; 否则，如果$r_j > M_j$ 　　　($j=1,2,3,\cdots,N$)，则设置$r_j=M_j$。

图 6 - 7　$P(t)$ 调整方法

第 5 步：使用适应度函数评估 $P(t)$，并保存其中最优的方案到 B 中。

第 6 步：使用量子旋转门更新 $Q(t)$。

第 7 步：重复第 3 ~ 第 6 步，直到 B 在迭代次数 K_1 内不再变化为止。

第 8 步：计算混沌变量 $r_j = [1 + x_{cn}(M_j - 1)]$ （$j = 1, 2, \cdots, N$），即 r_j 取 $1 + x_{cn}(M_j - 1)$ 的整数部分，将 r_j 作为候选资源的序号进行混沌搜索。如果方案 R 优于 B，则根据第 6.3.4 节提出的方法将 R 转化为二进制表示 RX，并将 RX 存储到 B 中。

第 9 步：使用适应度函数评估新的资源组合方案 $R = \{r_1, r_2, r_3, \cdots, r_N\}$。

第 10 步：如果方案 R 优于 B，则根据第 6.3.4 节提出的方法将 R 转化为二进制表示 RX，并将 RX 存储到 B 中。设置 $t = 0$，根据 RX 初始化量子染色体群体，然后进行第 6 步；否则进行第 8 步，直到达到迭代次数 K_2。

如果二进制方案集中 $P(t)$ 的任意一个 X 超出候选资源的数量，则参照图 6 - 7 进行调整。

6.3.4 量子编码与解码

根据定义 1，一个制造网格工作流为 $T = \{ST_1, ST_2, ST_3, \cdots, ST_N\}$，$N$ 是制造任务的数目，ST_j（$j = 1, 2, \cdots, N$）表示第 j 个任务，M_j 是可以满足任务 ST_j 需求的候选资源数量。

r_j（$1 \leqslant r_j \leqslant M_j$）表示为完成任务 ST_j 的候选资源序号，因此，$R = \{r_1, r_2, r_3, \cdots, r_N\}$ 表示一个执行工作流 T 的资源组合方案。把十进制的 M_j 和 r_j 分别转化为二进制。需要说明的是，M_j 和 r_j 对应的二进制位数必须相等。若 r_j 的二进制位数小于 M_j，则需要在前面补 0。然后，将序号 r_j 的二进制数按顺序组合成一个二进制字符串。为了更清晰地说明这一过程，举例说明如表 6 - 2 所示。

表 6 - 2　资源编码方法示例

子任务		ST_1	ST_2	ST_3	ST_4	ST_5
M_j	十进制	5	6	3	8	4
	二进制	101	110	11	1000	100
r_j	十进制	3	2	3	2	1
	二进制	011	010	11	0010	001
二进制方案 X		011010110010001				
量子个体的长度		$m = 3 + 3 + 2 + 4 + 3 = 15$				

资源组合方案 $R = \{r_1, r_2, r_3, r_4, r_5\} = \{3, 2, 3, 2, 1\}$，其二进制表达式为 $X = \{011010110010001\}$。其中 5 个候选资源序号的二进制长度分别为 3、3、2、4 和 3，因此，量子染色体的长度为 $3 + 3 + 2 + 4 + 3 = 15$，也就是说它包括 15 个量子比特，能代表 2^{15} 种状态，这就是"量子编码"。反之，给定 $\{M_j \mid j = 1, 2, \cdots, N\}$，可以从一个二进制字符串中解码为一个资源序号组合，这就是"量子解码"。量子编码与解码对于评估 $P(t)$ 是很重要的前期工作。

从上面的例子可以看出，该方法具有动态性和灵活性。根据工作流中任务和各个候选资源的数量，该方法可以简便地将资源组合方案编译成一个二进制式。

6.3.5　适应度函数设计

本书采用六个制造网格 QoS 属性作为资源调度方案的评价标准，即 QoS = (T, C, Rel, Ma, $Trust$, FS)。然而，对于 T 和 C 来说，其值越大表示该资源越劣；对于 Rel、Ma、$Trust$ 和 FS 来说，其值越大表示该资源越优良。因此，需要对这些 QoS 参数进行归一化处理，具体来讲，由式（6-5）来归一化 $T(r_j)$ 和 $C(r_j)$，由式（6-6）来归一化 $Rel(r_j)$，$Ma(r_j)$，$Trust(r_j)$ 和 $FS(r_j)$。

$$Scaled\_value_j^\Delta = \begin{cases} \dfrac{Value_{\max}^\Delta - Value_j^\Delta}{Value_{\max}^\Delta - Value_{\min}^\Delta}, & \text{当 } Value_{\max}^\Delta \neq Value_{\min}^\Delta \text{ 时} \\ 1, & \text{其他} \end{cases}$$

$$(6-5)$$

$$Scaled\_value_j^\Delta = \begin{cases} \dfrac{Value_j^\Delta - Value_{\min}^\Delta}{Value_{\max}^\Delta - Value_{\min}^\Delta}, & \text{当 } Value_{\max}^\Delta \neq Value_{\min}^\Delta \text{ 时} \\ 1, & \text{其他} \end{cases}$$

$$(6-6)$$

式中，$\Delta = \{T, C, Rel, Ma, Trust, FS\}$；$Value_j^\Delta$ 表示某一制造网格 QoS 参数的数值，如 $T(r_j)$、$C(r_j)$、$Rel(r_j)$、$Ma(r_j)$、$Trust(r_j)$、$FS(r_j)$。$Value_{\max}^\Delta$ 是所有候选资源集中某一类属性中的最大值，$Value_{\min}^\Delta$ 是其中的最小值。

经过归一化制造网格 QoS 参数后，制造网格资源调度算法问题可以转化为以下线性函数：

$$\max f(R) = \alpha Scaled\_T(R) + \beta Scaled\_C(R) + \gamma Scaled\_Trust(R)$$

$$(6-7)$$

$$\text{s. t.} \begin{cases} FS(r_j) \geqslant FS_0, & \forall j = 1,2,3,\cdots,N \\ Rle(r_j) \geqslant Rle_0, & \forall j = 1,2,3,\cdots,N \\ Ma(r_j) \geqslant Ma_0, & \forall j = 1,2,3,\cdots,N \end{cases}$$

$$(6-8)$$

其中

$$\begin{cases} Scaled\_T(R) = \sum_{j=1}^{N} Scaled\_value_j^T / N \\[2em] Scaled\_C(R) = \sum_{j=1}^{N} Scaled\_value_j^C / N \\[2em] Scaled\_Trust(R) = \sum_{j=1}^{N} Scaled\_value_j^{Trust} / N \end{cases}$$

式中，α、β、γ 是由用户自定义的各类参数的权重值，且 $\alpha + \beta + \gamma = 1$；$FS_0$、$Rel_0$、$Ma_0$ 是工作流中任务需求的 FS、Rel 和 Ma 的最小值。

本书将 T、C 和 $Trust$ 作为资源调度方案的评价标准，而将 FS、Rel 和 Ma 作为其约束条件。为了考虑不等式（6-8）的影响，通常的做法是采用惩罚函数的方式，然而这种方式需要设置一系列的权重。为了避免设置这些烦琐的权重值，本文将资源调度方案的适应度函数分为两个部分：一是由式（6-7）表示的目标函数；二是由式（6-9）表示的约束违反函数。某个资源调度方案 R 的约束违反函数可以由下式计算：

$$Violation(R) = \sum_{j=1}^{N}\left(\max\left(0, \frac{FS_0 - FS(r_j)}{FS_0}\right)\right) + \sum_{j=1}^{N}\left(\max\left(0, \frac{Rel_0 - Rel(r_j)}{Rel_0}\right)\right) +$$
$$\sum_{j=1}^{N}\left(\max\left(0, \frac{Ma_0 - Ma(r_j)}{Ma_0}\right)\right) \tag{6-9}$$

最后，本书根据式（6-7）和式（6-9）可以判断资源调度方案的优劣。表6-3中所示的两种情况可以认为方案 R_1 优于 R_2，其他情况则认为方案 R_2 优于 R_1。

表6-3　方案 R_1 优于 R_2 的两种情况

序号	$Violation(\cdot)$	$f(\cdot)$
1	$Violation(R_2) > Violation(R_1)$	N/A
2	$Violation(R_2) = Violation(R_1)$	$f(R_1) > f(R_2)$

6.4　制造网格资源调度算法实验

本节将从收敛性、计算耗时和扩展性的角度来验证所提算法的性能；然后测试量子染色体数目的增加对算法性能的影响；最后比较原始量子进化算法与混沌量子进化算法的性能。采用 MATLAB 语言编程，在 CPU 为 2.67GHz 和内存为 6.00GB 的 PC 上运行。

实验中设置的参数如下：量子染色体的数目 $n = 20$，适应度函数中权重分别为 $\alpha = 0.4$，$\beta = \gamma = 0.3$，混沌搜索初始变量 $x_0 = 0.6$。变量候选资源数目为 M_j，任务数目为 N，量子进化迭代次数为 K_1，混沌迭代次数 K_2 被分为三组，如表 6-4 所示。制造网格资源的 QoS 参数值在区间 [0，100] 内随机产生，例如对于 Group 1，随机产生的 T、C 和 $Trust$ 的值分别如表 6-5、表 6-6 和表 6-7 所示。为了便于比较算法的性能，实验中将三组的任务数目 N 统一设置为 5，假设其他三个 QoS 参数（Rel、Ma 和 FS）不违反制造网格用户指定的最低要求。同时，为了减小量子进化中的随机性对算法性能比较的影响，每次实验重复进行 50 次，取其结果的平均值，如适应度值、计算耗时。

表 6-4　三组算法参数

序号	图号	候选资源数量	量子染色体长度	其他
第 1 组	Fig. 1，Fig. 2	$M_1 = M_2 = M_3 = M_4 = M_5 = 10$	$m = 4 \times 5 = 20$	$N = 5$
第 2 组	Fig. 3，Fig. 4	$M_1 = M_2 = M_3 = M_4 = M_5 = 50$	$m = 6 \times 5 = 30$	$100 \leqslant K_1 \leqslant 1050$
第 3 组	Fig. 5，Fig. 6	$M_1 = M_2 = M_3 = M_4 = M_5 = 100$	$m = 7 \times 5 = 35$	$100 \leqslant K_2 \leqslant 1050$

表 6-5　第 1 组中的时间（T）参数

序号	子任务				
	ST_1	ST_2	ST_3	ST_4	ST_5
1	57.61（0.43）*	33.04（0.68）	1.79（1.00）	67.82（0.33）	43.48（0.58）
2	50.73（0.50）	25.94（0.75）	96.65（0.03）	80.54（0.20）	33.08（0.68）
3	32.58（0.69）	39.99（0.61）	85.45（0.15）	32.87（0.68）	43.99（0.57）
4	90.80（0.09）	38.28（0.63）	24.80（0.77）	82.53（0.18）	96.08（0.04）
5	68.11（0.32）	89.54（0.11）	95.06（0.05）	99.98（0.00）	56.26（0.45）
6	53.70（0.47）	2.18（0.99）	75.15（0.25）	21.73（0.80）	19.12（0.82）
7	82.00（0.18）	38.61（0.63）	91.69（0.08）	77.21（0.23）	17.63（0.84）
8	19.03（0.82）	68.48（0.32）	92.14（0.80）	5.67（0.96）	68.51（0.32）
9	33.06（0.68）	21.82（0.79）	29.30（0.72）	89.40（0.11）	22.90（0.79）
10	78.20（0.22）	72.04（0.28）	33.82（0.67）	60.76（0.40）	79.95（0.20）
$Value_{\max}^T = 99.98(0.00)$			$Value_{\min}^T = 1.79(1.00)$		

表 6 – 6　第 1 组中的成本（C）参数

序号	子任务				
	ST_1	ST_2	ST_3	ST_4	ST_5
1	79.11 (0.18)	92.58 (0.04)	31.69 (0.68)	56.65 (0.42)	29.87 (0.69)
2	77.65 (0.20)	4.14 (0.96)	31.61 (0.68)	9.01 (0.91)	0.41 (1.00)
3	33.79 (0.65)	15.53 (0.84)	92.86 (0.04)	44.13 (0.55)	76.79 (0.21)
4	46.09 (0.53)	68.62 (0.29)	72.34 (0.25)	0.57 (0.99)	11.59 (0.88)
5	93.02 (0.04)	56.57 (0.42)	84.91 (0.12)	84.49 (0.13)	37.02 (0.62)
6	96.90 (0.00)	2.78 (0.98)	71.77 (0.26)	88.09 (0.09)	2.72 (0.98)
7	94.53 (0.02)	46.80 (0.52)	67.01 (0.31)	79.97 (0.18)	8.52 (0.92)
8	65.11 (0.33)	3.88 (0.96)	65.83 (0.32)	58.07 (0.40)	27.76 (0.72)
9	33.48 (0.66)	14.57 (0.85)	5.95 (0.94)	24.85 (0.75)	76.83 (0.21)
10	52.61 (0.46)	35.59 (0.64)	20.99 (0.79)	66.13 (0.32)	38.99 (0.60)
	$Value_{max}^{C} = 96.90(0.00)$			$Value_{min}^{T} = 0.41(1.00)$	

表 6 – 7　第 1 组中的 $Trust$ 参数

序号	子任务				
	ST_1	ST_2	ST_3	ST_4	ST_5
1	85.03 (0.88)	11.19 (0.09)	65.40 (0.67)	94.45 (0.98)	49.47 (0.50)
2	50.38 (0.51)	37.98 (0.38)	42.28 (0.42)	95.55 (0.99)	95.45 (0.99)
3	88.99 (0.92)	45.54 (0.46)	96.24 (1.00)	63.00 (0.65)	15.72 (0.14)
4	89.33 (0.93)	71.38 (0.74)	29.47 (0.29)	18.35 (0.17)	81.36 (0.84)
5	43.56 (0.44)	72.27 (0.74)	20.97 (0.20)	67.83 (0.70)	34.80 (0.35)
6	66.26 (0.68)	59.97 (0.61)	27.41 (0.27)	2.99 (0.01)	9.35 (0.07)
7	74.52 (0.76)	74.74 (0.77)	37.99 (0.40)	22.78 (0.22)	6.10 (0.04)
8	18.18 (0.17)	83.53 (0.86)	86.37 (0.89)	2.41 (0.00)	10.94 (0.09)
9	13.46 (0.12)	7.13 (0.05)	83.47 (0.86)	19.84 (0.18)	62.68 (0.64)
10	15.94 (0.14)	79.82 (0.83)	52.16 (0.53)	75.83 (0.78)	24.49 (0.24)
	$Value_{max}^{Trust} = 96.24 (1.00)$			$Value_{min}^{Trust} = 2.41 (0.00)$	

　　第一个实验验证混沌量子进化算法的有效性。首先采用第 1 组的数据进行测试，量子计划迭代次数 K_1 以 50 的增量从 100 增加到 1050，混沌搜索迭代次数 K_2 以同样的方式从 100 增加到 1050，其适应度函数值的变化情况如图 6 – 8

所示。显然，对于第 1 组，该算法从一开始就收敛于 0.79。同理，对于第 2 组和第 3 组，该算法的收敛性分别如图 6 – 9、图 6 – 10 所示。为了更清楚地比较该算法的收敛性，不失一般性地，分别沿着图 6 – 8、图 6 – 9、图 6 – 10 中 $K_2 = 1000$ 的轴切割，得到的三条曲线，如图 6 – 11 所示。由图 6 – 11 可知，当 $K_1 = 800$ 和 $K_1 = 950$ 时，第 2 组和第 3 组分别开始收敛。以上实验结果说明混沌量子进化算法对各种数量级的资源调度方案都是有效的。

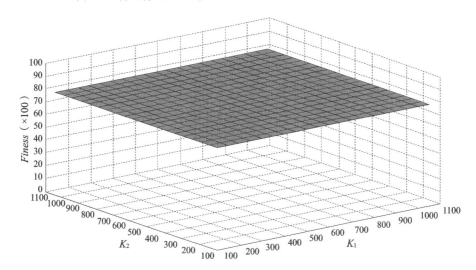

图 6 – 8　第 1 组中 Fitenss（×100）随迭代次数 K_1、K_2 的收敛情况

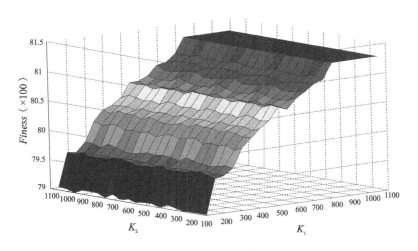

图 6 – 9　第 2 组中 Fitenss（×100）随迭代次数 K_1、K_2 的收敛情况

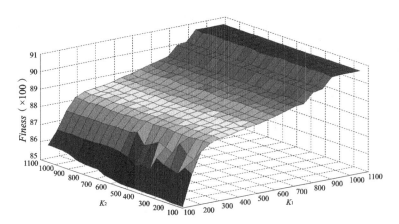

图 6 – 10　第 3 组中 *Fitenss*（×100）随迭代次数 K_1、K_2 的收敛情况

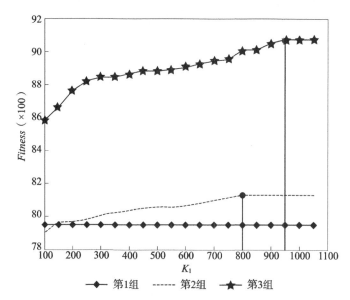

　　第1组　　---- 第2组　　—★— 第3组

图 6 – 11　$K_2 = 1000$ 时第 1 ~ 第 3 组中 *Fitenss*（×100）随 K_1 的收敛情况

　　第二个实验验证混沌量子进化算法的效率。测试方法和参数与第一个实验相同。第 1 ~ 第 3 组算法所需的时间分别如图 6 – 12 ~ 图 6 – 14 所示。图 6 – 15 显示了三组例子的计算耗时比较情况。从图 6 – 15 中可知，第 2 组和第 3 组的耗时远大于第 1 组，而第 2 组和第 3 组的耗时相差无几。该现象解释如下：对于第 2 组和第 3 组，量子染色体中的量子比特个数远比第 1 组的多，相差 10 位，而第 2 组和第 3 组的量子比特个数只相差 5 位。以上实验结果说明混沌量子进化算法对量子比特的位数是敏感的，资源编码越短，该算法的效率越高。

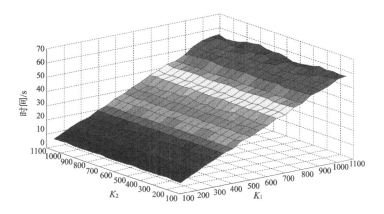

图 6 - 12　第 1 组随 K_1、K_2 变化的算法耗时

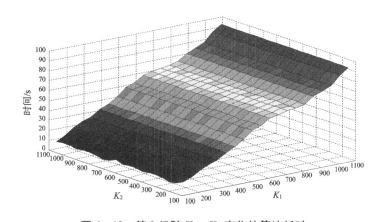

图 6 - 13　第 2 组随 K_1、K_2 变化的算法耗时

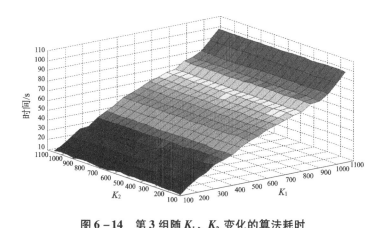

图 6 - 14　第 3 组随 K_1、K_2 变化的算法耗时

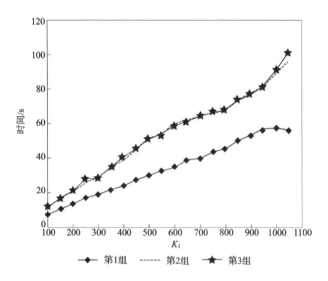

图 6 – 15　$K_2 = 1000$ 时第 1 ～ 第 3 组中随 K_1 变化的算法耗时

第三个实验验证量子染色体个数对算法性能的影响。当迭代次数 $K_1 = K_2 = 1000$，量子染色体个数从 5 增加到 25 时，资源调度方案的适应度函数变化情况如图 6 – 16 所示。易知，当量子染色体个数为 20 时就能达到三组例子的最优方案，这也说明前面两个实验中采用的 $N = 20$ 是合适的。

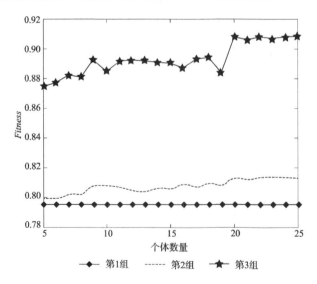

图 6 – 16　$K_1 = K_2 = 1000$ 时第 1 ～ 第 3 组中随量子比特个数变化的计算耗时

第四个实验比较原始量子进化算法与混沌量子进化算法。对第 2 组和第 3 组两组数据，原始量子进化算法的收敛性分别如图 6 – 17 和图 6 – 18 所示，其中 K_3 表示实验的批次编号，每批实验由 50 次重复性实验组成，取其适应度均值作为此批次的适应度。从图 6 – 17 和图 6 – 18 中看出有明显的波动，特别是图 6 – 17。这是由于原始量子进化算法很容易陷于局部最优，导致适应度上下跳跃。相对应的，图 6 – 9 和图 6 – 10 显示曲面平和，这说明混沌搜索有助于量子进化算法跳出局部最优。

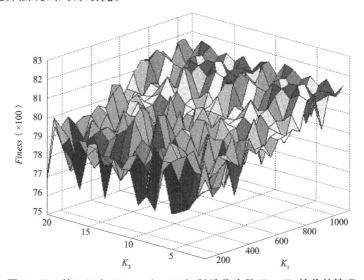

图 6 – 17　第 2 组中 *Fitenss*（×100）随迭代次数 K_1、K_2 的收敛情况

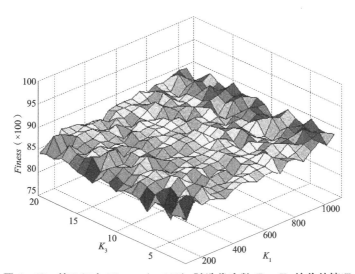

图 6 – 18　第 3 组中 *Fitenss*（×100）随迭代次数 K_1、K_2 的收敛情况

6.5 本章小结

本章首先设计了制造网格工作流架构，并分析了四种工作流类型，作为资源调度的具体应用对象；其次提出了制造网格 QoS 层次体系结构，为资源调度提供保证和标准；最后，重点设计了基于混沌量子进化的制造网格资源调度算法，对其中的量子编码与解码、适应度函数设计、QoS 参数归一化做了创新性研究，并通过仿真实验验证了该算法的有效性和可扩展性。

第7章　基于数字孪生的制造资源管理

7.1　赛博物理系统

1. 产生背景

计算机出现之后，在物理系统中嵌入计算设备和相应的软件以使集成系统具有更为灵活和复杂的功能成了系统发展的必然趋势。随着计算机和通信技术的迅速发展，计算机和物理对象的系统化集成速度变得越来越快，系统化集成的程度也越来越高。网络技术的快速发展则进一步加剧了这一趋势。相关研究报告表明，几十年来，电子设备在工业产品中所占的比重增长迅速，在汽车、航空、工业自动化、消费电子、智能家居和健康医疗器械等领域，电子设备在产品中所占的比重将进一步提升。

随着电子设备在各应用领域所占的比重逐渐增加，计算机和物理对象集成系统的结构也相应地在发生变化。计算机技术、网络通信技术的发展，使计算单元与物理对象通过通信网络高度耦合的大型复杂系统得以出现并得到发展，与传统的计算机控制系统的明显区别是，这类系统具有设备分布式布置、高度网络化集成等特征。这类应用新技术的集成系统称为赛博物理系统（Cyber Physical Systems，CPS）。CPS 可以简洁地定义为一种计算单元与物理对象通过通信网络高度集成的复杂系统。

早期计算机与物理对象的系统集成实现了工业自动化，能够用计算机代替人的操控来完成诸多工作。计算单元和物理对象通过通信网络实现系统集成具有更多技术上的优势和潜在利益：可以使许多大型复杂系统（如国家电网等）运行得更安全，效率更高；可以减少这些系统的构建及操作费用；这些系统允许不同的子系统通过网络进行组合和集成，形成更为复杂的系统，产生新的功能，拥有更灵活、更强大的能力。鉴于此，2007 年 8 月，美国总统直属科技顾问委员会（President's Council of Advisors on Science and Technology, PCAST）在关于网络信息技术的报告中提出，要将网络信息技术重新放到优先研究和发展的位置，特别指出网络信息技术研究的重中之重是研究赛博物理系统理论，开发赛博物理系统技术。

由图 7 - 1 可知，CPS 的提出是在嵌入式系统的基础上，融入了感知、网络、智能计算等技术逐步演进而来的。CPS 集成化的网络、信息处理、传感以及驱动技术使赛博空间与物理设备深度融合，进而使系统达到足够高的智能程度，并能在多变的环境中应对多变的需求。未来 CPS 将越来越依赖计算单元。因此，计算单元必须具有足够高的可依赖性、物理安全性以及信息安全性。从这个角度来看，智能机器人、智能物流系统、智能数控机床等都可称作 CPS。随着技术的发展，这种智能化系统在工业界所发挥的作用将越来越明显。与此同时，这些系统的应用并不意味着削弱了人在系统中的重要性，而是改变了人的角色，同时也改变了系统对人类技能的需求。

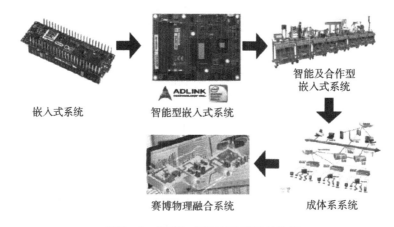

图 7 - 1　从嵌入式系统到 CPS 的演进

2. 研究进展

计算机的出现促使人们开始了将计算机集成到物理系统中的研究历程。最初的研究是将计算机作为控制器，提高物理对象控制的灵活性，改善物理对象的性能。其中控制学科领域集中研究计算机控制系统，而计算机学科则致力于开发计算速度更快、存储容量更大的计算设备。不管是计算机科学研究计算设备的设计和开发，还是控制科学研究各种物理动态系统的计算机控制，其前提都是将系统抽象为一个模型，然后进行分析。由于这两个学科的研究对象和研究方法不一致，导致研究结果不兼容。例如，计算机学科研究计算的时候往往忽略时间这一因素，这会导致计算单元在与物理系统集成的过程中由于缺少实时性而产生许多难以解决的问题。这种困难促使计算机学科开始重视对嵌入式系统的研究，如研究计算单元如何满足物理系统的实时性要求。另外，随着网络应用的普及，控制科学研究者也日益意识到通过网络传输的数据信息存在各种各样的通信特征，如信息包丢失、不确定网络延时等，如果希望一个复杂的物理系统满足控制性能要求，必须分析并控制那些控制系统性能的影响因素，因此 21 世纪以来，关于网络控制系统的研究风生水起。

上述研究对计算机科学、控制科学和通信科学之间的融合做出了一定的贡献，然而，随着各种计算设备及其网络的进一步发展，许多系统具有计算单元和物理对象分布式布置、通过网络进行通信和控制等赛博物理系统的特征。采用上述研究成果对这类系统进行分析和设计时存在难以克服的困难。通信网络的带宽、延时、丢包率、计算单元的能力、计算单元的调度方式、物理系统的架构及其动态特性等各种因素都可能影响系统的动态性能，并且这些因素对系统性能的影响是相互联系的。赛博物理系统的研究已经引起了许多国家的重视，并得到以下国家政府的大力支持和资助。

美国国家自然科学基金会在赛博物理系统的研究方面处于世界领先地位。早在 2005 年，美国国家自然科学基金会就资助了当年的高可信医疗设备软件与系统（High Confidence Medical Device Software and Systems，HCMDSS）研讨会，会上提到高可信医疗设备具有赛博物理系统的典型特征。2006 年，美国国家自然科学基金会主持召开了第一届赛博物理系统研讨会，会上指出赛博物理系统研究的目的是为出现的计算机、通信网络和物理单元高度集成系统的开发寻找新的理论基础和实现技术。使信息、计算、通信和控制技术融为一体的新一代集成系统能够高可靠、高效率地工作，具有高性能。除此之外，美国国家自然科学基金会还组织召开了其他有关赛博物理系统的研讨会。赛博物理系统的研究开始受到美国政府的重视。2007 年 8 月，美国总统直属科技顾问委员会在关于网络信息技术的报告中提出，需要重新重视网络信息技术的研究和发展，并且提出研究赛博物理系统理论、开发赛博物理系统技术是保持美国信息技术（IT）行业世界领先地位的重要措施，政府的支持在很大程度上推动了对赛博物理系统的进一步研究工作。在此之后，赛博物理系统指导小组组织专家总结了赛博物理系统当前的研究情况，给出了研究的指导方向。2008 年，美国国家自然科学基金会召开了赛博物理系统峰会，并且为赛博物理系统的研究提供资金进行重点资助，鼓励相关领域研究者为赛博物理系统理论研究和技术开发做出贡献。

欧洲启动了嵌入式智能与系统先进研究与技术（Advanced Research and Technology for Embedded Intelligence and Systems，ARTEMIS）项目，该项目在 2007—2013 年投入数十亿欧元开展智能电子系统方面的研究工作，期望欧盟在智能电子系统研究和技术开发方面能够成为世界领导者。赛博物理系统作为智能电子系统的一个重要发展方向，自然受到了 ARTEMIS 项目的支持和重视。另外，欧盟成立了欧洲智能系统集成技术平台（the European Technology Platform on Smart Systems Integration，EPoSS）。其目的在于推动科技研发和促进经济发展，使欧洲相关产业在全球市场上取得优势。欧洲智能系统集成技术平台每年举行的年会为学术界和工业界对智能系统集成的发展提供了交流平台，2010 年在意大利举行的年会明确提出：智能系统集成是一个由多元件集成而得到的系统，该系统可以从外界物理对象中得到信息，通过电子设备操控该物理对象，与物理对象进行通信并得到信息和数据，然后对物理对象施加反馈信息，可以发现此类系统明显具有赛博物理系统特征。

此外，日本、韩国等国家也开展了赛博物理系统的相关研究工作。在韩国，韩国软件振兴院（Korea IT Industry Promotion Agency）为韩国情报通信部下属的非营利事业单位，其宗旨为促进韩国 IT 产业的发展。它一直以来密切关注新一代嵌入式系统的发展，资助了 2008 年在大邱举行的大邱国际嵌入式系统会议，该会议的目的是研讨下一代具有网络化特性的嵌入式系统，提出需要开展赛博物理系统的研究。韩国科学技术院（Korea Advanced Institute of Science and Technology，KAIST）早在 2008 年就已在大学里尝试开展赛博物理系统的课程教学工作。在日本，虽然政府还没有正式地推动赛博物理系统项目，但是其每年举行的嵌入式技术会议密切关注赛博物理系统的发展，并且该会议受到了日本全国的广泛关注。其中 2008 年的年会有 26646 名注册者，最终有约 1 万个人参加了该会议。2009 年的会议在日本横滨举行，继续关注计算设备、通信网络方面的新进展以及这些新技术与物理对象集成的研究工作。

我国也较早地关注了赛博物理系统的研究工作，在 2007 年发布的《控制科学与工程学科发展报告》中提到，系统运行的网络化、功能的多样化、系统的复杂化是国内外自动化研究和发展的主要趋势，特别指出赛博物理系统的控制越来越引起控制界的关注。2008 年 7 月，首届国际赛博物理系统研讨会在北京举办，与此联合召开的国际分布式计算系统会议也非常关注赛博物理系统的研究进展。2009 年网络化集成控制技术论坛专题讨论网络化集成控制技术的研究进展及其工业应用。此外，同济大学与美国韦恩州立大学合作开展智能电网 CPS 的研究工作，天津大学也正在和其他研究机构开展赛博物理系统研究工作。作为 21 世纪工业的技术基础，赛博物理系统的研究和开发得到了工业界的充分关注。例如，美国国家仪器（National Instruments）、微软（Microsoft）、NEC、霍尼韦尔（Honeywell）等大型国际 IT 公司正积极参与赛博物理系统的研究和开发工作，希望在新一代工业化技术革命浪潮中保持其技术的先进性，以期未来仍然可以维持其市场领先者的角色。上述公司参与了美国国家自然科学基金会主持的赛博物理系统峰会，欧姆龙（Omron）、西门子（Siemens）、HMS 等公司参加了 2009 年网络化集成控制技术论坛并展示了各自最新开发的相关工业技术。

3. CPS 在制造业中的应用

赛博物理生产系统（Cyber - Physical Production Systems，CPPS）是 CPS 在制造领域的一种具体应用形式，它的出现一方面依赖于计算机技术、信息技术、数据分析技术等的发展；另一方面也依赖于制造领域中制造装备、先进工艺等技术的突破。对企业而言，CPPS 能够使其设备、设施、人等各种生产要素实现互联互通，并且能够进行信息交换和实时控制，这有利于从根本上改善包括制造、工程、材料使用、供应链和全生命周期管理在内的工业过程。对于整个制造业而言，CPS 能够使不同地域、不同行业的企业、研究院所、政府等组织实现高效合作，并在全球领域形成良性的、优化的制造业生态环境。

CPPS 的基本结构与原理如图 7-2 所示。在赛博空间中，包含了产品全生命周期中所有对象及其活动的模型与知识，通过这些模型与知识，制造过程中的所有环节将能够在赛博空间中得到基于全资源的仿真与优化，进而可以发现并避免生产过程中存在的问题及风险。这有赖于对物理系统及其行为的建模与仿真技术，以及基于这些模型对物理系统可能发生的紧急情况的预测与处理技术等。物理系统中包含了大量能够自主运行并相互合作的元器件或子系统，如智能制造设备、智能物流系统、智能产品等。赛博空间与物理系统之间的组织模式、过程控制、信息传递等方式将更加多样化，并且可能根据需求实时发生动态变化，这与传统的自动化生产中的"金字塔模型"相比存在显著不同，如图7-3所示。在传统的自动化生产系统中，重点关注生产过程的实时控制。而在CPPS中，赛博空间与物理系统进行深度交互与融合，并可实现对制造活动的先验预判、实时控制以及后置优化。在制造过程开始之前，赛博空间首先对制造过程进行全资源的仿真，验证制造方案的正确性；在制造过程中，赛博空间与物理系统之间进行实时控制与数据传递，并实时优化制造过程；在制造过程完毕之后，赛博空间将通过对本次制造过程的分析，进一步抽取其中的数据，通过分析形成制造知识，并服务于后续的制造过程。

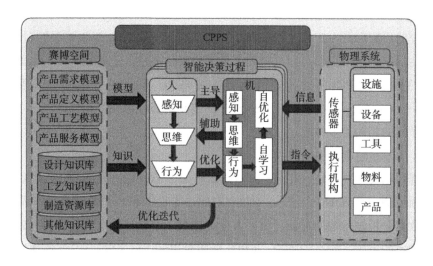

图 7-2　CPPS 的基本结构与原理

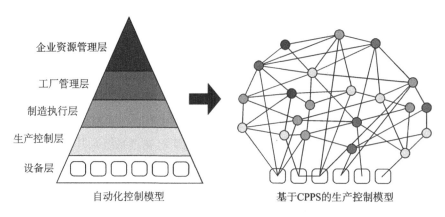

图 7-3　生产控制模式的转变

此外，作为系统中最重要的决策者，人与具有部分智能的机器共同构成决策主体，并在 CPPS 中发挥重要的作用。在 CPPS 中，人工智能将被广泛应用于制造过程的各阶段、各环节，并构成具有不同程度智能行为的智能执行单元。每个智能执行单元均包含人与"机器"，两者之间实现交互，共同构成决策主体。人进行基于知识与经验的思维，形成正向的和主导的决策与指令；具有智能行为的机器通过自检测、自分析，形成自适应的决策调整，反馈到系统的前端，构成新一轮的决策指令，并丰富知识与积累经验。多个智能执行单元共同组成特定的智能制造系统，其中赛博系统与物理系统互为支撑、深度融合。

7.2　数字孪生

德国"工业 4.0"其实就是基于信息物理系统（CPS）实现智能工厂，最终实现的是制造模式的变革。CPS 是虚实的融合："实"是指人、机、物；而在"虚"的内容里，"数字孪生体（digital twin）"非常重要。美国国防部最早提出将数字孪生技术用于航空航天飞行器的维护与保障，如图 7 - 4 所示。首先在数字空间建立真实飞机的模型，并通过传感器实现与飞机真实状态完全同步，这样每次飞行后，根据结构现有情况和过往载荷，及时分析评估是否需要维修，能否承受下次的任务载荷等。

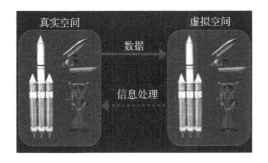

图 7 - 4　数字孪生模型

数字孪生体是实体的虚拟的、数字化的映射对象，它从设计/仿真，延伸到产品的全生命周期。CPS 内涵中的虚实双向动态连接有两个步骤：一是虚拟的实体化，如设计一件东西，先进行模拟、仿真，再制作出来；二是实体的虚拟化，实体在使用、运行的过程中，把状态反映到虚拟端，通过虚拟方式进行判断、分析、预测和优化。

根据目前掌握的资料，数字孪生这一术语由迈克尔·格里夫（Michael Grieves）教授在美国密歇根大学任教时首先提出。2002 年 12 月 3 日，他在该校"PLM 开发联盟"成立时的演讲稿中首次图示了数字孪生的概念内涵，2003 年他在讲授 PLM 课程时使用了"digital twin"，在 2014 年撰写的《数字孪生：通过虚拟工厂复制实现卓越制造》（*Digital Twin：Manufacturing Excellence through Virtual Factory Replication*）一文中，他进行了较为详细的阐述，提出了数字孪生的基本内涵。

在航天领域和工业界，较早开始使用"数字孪生"这一术语。2009 年，美国空军实验室提出了"机身数字孪生（airframe digital twin）"的概念；2010 年美国航空航天局（NASA）也开始在技术路线图中使用"digital twin"这一术语。

大约从 2014 年开始，西门子、达索、PTC、ESI、ANSYS 等知名工业软件公司都开始在市场宣传中使用"digital twin"这一术语，并陆续在技术构建、概念内涵上做了很多深入研究和拓展。

数字孪生尚无业界公认的标准定义，概念还在发展与演变中。下面列举几个国内外企业或组织所做的数字孪生定义，供读者参考。

美国国防采办大学认为：数字孪生是充分利用物理模型、传感器等的更新、运行历史等数据，集成多学科、多物理量、多尺度的仿真过程，在虚拟空间中完成对物理实体的映射，从而反映物理实体的全生命周期过程。

ANSYS 公司认为：数字孪生是在数字世界建立一个与真实世界系统的运行性能完全一致，并且可以实现实时仿真的仿真模型。利用安装在真实系统上的传感器数据作为该仿真模型的边界条件，实现真实世界的系统与数字世界系统的同步运行。

中国航空工业发展研究中心刘亚威认为：从本质上来看，数字孪生是一个对物理实体或流程的数字化镜像。创建数字孪生的过程，集成了人工智能、机器学习和传感器数据，以建立一个可以实时更新的、现场感极强的"真实"模型，用来支撑物理产品全生命周期中各项活动的决策。

上海优也信息科技有限公司首席技术官林诗万认为：数字孪生体可以有多

种基于数字模型的表现形式，在图形上，有几何、高保真、高分辨率渲染、抽象简图等；在状态和行为上，有设备运行、受力、磨损、报警、宕机、事故等；在质地上，有材质、表面特性、微观材料结构等。

智能研究院执行院长赵敏认为：数字孪生是在"数字化一切可以数字化的事物"的大背景下，通过软件定义和数据驱动，在数字虚体空间中创建的虚拟事物，与物理实体空间中的现实事物形成了在形态、质地、行为和发展规律上都极为相似的虚实精确映射关系，让物理孪生体与数字孪生体具有了多元化映射关系，具备了不同的保真度（逼真、抽象等）。

数字孪生具有如下主要特点。一是机器可读。制造领域技术数据繁多而杂乱，有图纸、BOM、工序、数控程序、设备配合参数，而数字孪生首先要解决的是单一数据源问题，以便数控机床、机器人能从它那里直接读到有用信息。二是数字孪生可以对设计的"理论值"和加工的"实测值"进行直接比较和分析。三是数字孪生可用于生产模拟，可以对自动或手工作业进行模拟，包括装配、机器人焊接、锻铸和车铣刨磨等。四是数字孪生是价值网络协作的基础，包括厂际、供应链上下游之间乃至全球范围的协作企业。

数字孪生体的全生命周期与 RAMI4.0 相一致。RAMI4.0 有一个产品周期的维度，在此维度中，提法与以前略有区别。它分为两个阶段，一个是型号（type）阶段，一个是实例（instance）阶段，每个阶段有研发、使用和维护等环节。产品的生命周期是从使用开始，要研究客户使用产品，与此同时进行型号的设计，工程、工艺的设计，然后进行工艺仿真，到使用维护的仿真，当有订单后，再进行定制化，改变型号，最后进行制造、检测、培训、使用，这便构成了完整的产品全生命周期。

因此，数字孪生体是产品全生命周期的数据中心，其本质的提升是实现了单一数据源和阶段间的信息贯通。它从概念设计贯通到产品设计、仿真、工艺及后面的使用和维护。数字孪生体也是全价值链的数据中心。其本质的提升在于无缝协同，而不只是共享信息，如与上下游进行装配的仿真、在客户的"虚拟"使用环境中测试/改进产品等。如果发动机制造商可以在下游汽车厂商的环境中，测试自己的发动机产品，这就是一种全价值链的协同。

数字孪生是充分利用物理模型、传感器更新、运行历史等数据，集成多学科、多物理量、多尺度、多概率的仿真过程，在虚拟空间中完成映射，从而反映相对应的实体装备的全生命周期过程。数字孪生描述的是通过数字主线

(digital thread) 连接的各具体环节的模型。可以说数字主线是把各环节集成起来，再配合智能化制造系统、数字化测量检验系统以及赛博物理融合系统的结果，如图 7 - 5 所示。数字孪生是一个物理产品的数字化表达，以便使人们能够在这个数字化产品上看到实际物理产品可能发生的情况，与此相关的技术包括增强现实和虚拟现实。数字孪生不但持续发生在物理孪生体全生命周期中，而且数字孪生体会超越物理孪生体的生命周期，在数字空间持久存续。充分利用数字孪生可在智能制造中孕育出大量新技术和新模式。

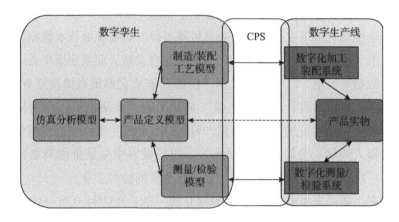

图 7 - 5　数字孪生与数字生产线

数字孪生突破了虚拟与现实的界限，让人们能在物理模型与数字模型之间自由交互与行走。

1. 预见设计质量和制造过程

在传统模式中，完成设计后必须先制造出实体零部件，才能对设计方案的质量和可制造性进行评估，这意味着成本和风险的增加。而通过建立数字孪生体，任何零部件在被实际制造出来之前，都可以预测其成品质量，识别是否存在设计缺陷，如零部件之间是否存在干扰、设计是否符合要求等。找到产生设计缺陷的原因，在数字孪生中直接修改设计，并重新进行制造仿真，查看问题是否得到解决。

在制造系统中，只有当所有流程都准确无误时，才能顺利地进行生产，一般的流程验证方法是在获得配置好的生产设备后再进行试用，判断设备是否运行正常，但是到这个时候再发现问题为时已晚，有可能导致生产延误，而且此时解决问题所需要的花费将远远高于流程早期。

当前自动化技术被广泛应用，最具革命性意义的是机器人开始出现在工作人员身旁，引入机器人的企业需要评估机器人是否能在生产环境中准确地执行人的工作，机器人的尺寸和伸缩范围会不会对周围的设备造成干扰，以及机器人是否可能导致操作人员受到伤害。机器人的成本较高，更需要在早期就完成这些问题的验证。

高效的方法是建立包含所有制造过程细节的数字孪生，在虚拟环境中验证制造过程。发现问题后，只需在模型中进行修正即可，例如，当机器人发生干涉时，可以改变工作台的高度、输送带的位置、反转装配台等，然后再次执行仿真，确保机器人能正确执行任务。

借助数字孪生在产品设计阶段预见其性能并加以改进，在制造流程初期就掌握准确的信息并预见制造过程，保证所有细节都准确无误，这些无疑是具有重要意义的，因为越早知道如何制造出高质量的产品，就能越快向市场推出优质的产品，抢占先机。

2. 推进设计和制造高效协同

随着产品制造过程越来越复杂，需要对制造过程中所发生的一切进行完善的规划。而一般的过程规划是设计人员和制造人员基于不同的系统独立地工作。设计人员将产品创意提交给制造部门，由他们去思考如何制造产品。这样容易导致产品信息流失，使制造人员很难看到实际状况，增加了出错的概率。一旦设计发生变更，制造过程很难实现同步更新。

而在数字孪生中，可以对需要制造的产品、制造方式、资源以及地点等各个方面进行系统的规划，将各方面关联起来，实现设计人员和制造人员的协同。一旦发生设计变更，可以在数字孪生中方便地更新制造过程，包括更新面向制造的物料清单、创建新的工序、为工序分配新的操作人员等，在此基础上进一步将完成各项任务所需的时间以及所有不同的工序整合在一起，进行分析和规划，直到产生令人满意的制造方案。

除了过程规划，生产布局也是复杂制造系统中一项重要的工作。一般的生产布局是用来设置生产设备和生产系统的二维原理图与纸质平面图，设计这些布局图往往需要耗费大量的时间和精力。

随着市场竞争日益激烈，企业需要不断向产品中加入更好的功能，以更快的速度向市场推出更多的产品，这意味着制造系统需要持续扩展和更新。但静态的二维布局图由于缺乏智能关联性，修改又会耗费大量时间，制造人员难以获得有关生产环境的最新信息来制定明确的决策和及时采取行动。

借助数字孪生可以设计出包含所有细节信息的生产布局，包括机械、自动化设备、工具、资源甚至操作人员等各种详细信息，并将之与产品设计进行无缝关联。例如，在一项新的产品制造方案中，引入的机器人干涉了一条传送带，布局工程师需要对传送带进行调整并发出变更申请；当发生变更时，同步执行分析了解生产线设备供应商中哪些会受到影响以及对生产调度会产生怎样的影响，这样在设置新的生产系统时，就能在需要的时间获得正确的设备。

基于数字孪生，设计人员和制造人员实现协同，设计方案和生产布局实现同步，这些都大大提高了制造业务的敏捷度和效率，帮助企业面对更加复杂的产品制造挑战。

3. 确保设计和制造准确执行

如果制造系统中所有流程都准确无误，生产便可以顺利开展。但万一生产进展不顺利，由于整个过程非常复杂，当制造环节出现问题并影响到产出时，很难迅速找出问题所在。最简单的方法是在生产系统中尝试一种全新的生产策略，但是面对众多不同的材料和设备选择，清楚地知道哪些选择将带来最佳效果又是一个难题。

针对这种情况，可以在数字孪生中对不同的生产策略进行模拟仿真和评估，结合大数据分析和统计学技术，快速找出有空档时间的工序。调整策略后，再模拟仿真整个生产系统的绩效，进一步优化实现所有资源利用率的最大化，确保所有工序中的所有人都尽其所能，实现盈利能力的最大化。

为了实现卓越的制造，必须了解生产规划及其执行情况。企业经常抱怨难以确保规划和执行都准确无误，并满足所有设计需求，这是因为如何在规划与执行之间实现关联，如何将在生产环节收集到的有效信息反馈至产品设计环节，是一个很大的挑战。

解决方案是搭建规划和执行的闭合环路，利用数字孪生将虚拟生产世界和现实生产世界结合起来，具体而言就是集成 PLM 系统、制造运营管理系统以及生产设备。过程计划发布至制造执行系统之后，利用数字孪生生成详细的作业指导书，与生产设计全过程进行关联，这样一来如果发生任何变更，整个过程都会进行相应的更新，甚至还能从生产环境中收集有关生产执行情况的信息。

7.3　基于数字孪生的制造资源管理框架

以新一代云计算、人工智能、物联网等技术与先进制造技术相融合为主要特征的智能制造成为全球制造业发展的主要趋势，智能制造是新一轮工业革命的核心。近年来，美国、德国、日本等制造强国都已为此做了战略部署。智能车间是执行制造活动的主体，是实现智能制造、智能工厂的重要载体，通过构建智能化生产系统、网络化分布生产设施，以实现生产过程的智能化为目标。智能制造、智能工厂、智能车间三者关注的重点不同，分属于不同的层次。智能车间以产品生产整体水平的提高为核心，关注生产管理能力提高、产品质量提高、客户需求导向的及时交付能力提高、产品检验设备能力提高、安全生产能力提高、生产设备能力提高、车间信息化建设能力提高、车间物流能力提高、车间能源管理能力提高等。

智能车间通过机器对机器（Machine to Machine，M2M）技术和物联网（Internet of Things，IoT）使自动化设备（含生产设备、检测设备、运输设备、机器人等所有设备）实现互联互通而达到感知状态（客户需求、生产状况、原材料、人员、设备、生产工艺、环境安全等信息），实时进行数据分析，从而实现自动决策和精确执行命令的自组织生产的精益管理境界。实现智能车间目标的难点之一是如何实现物理车间与网络化、信息化世界（虚拟世界）车间之间各要素的交互与共融，从而根据虚拟车间的信息，自主切换物理车间的生产方式以及更换生产材料，调整最匹配模式的生产作业，即智能车间动态资源配置。动态资源配置能够实现为每个客户、每个产品进行不同的设计、零部件构成、产品订单、生产计划、生产制造、物流配送，杜绝整个链条中的浪费环节。笔者为此进行了三方面的工作，分述如下。

1. 数字孪生驱动的智能车间架构

数字孪生是通过数字孪生技术使物理车间与虚拟车间相互映射，在生产过程中，虚拟车间实时地监控物理车间的运行状态，并根据物理车间的实时状态仿真、预测优化，从而指导物理车间的生产。为了给工业实施数字孪生提供参考，本书提出了一个基于数字孪生驱动的智能车间架构。该架构主要由五层组成，如图 7-6 所示。

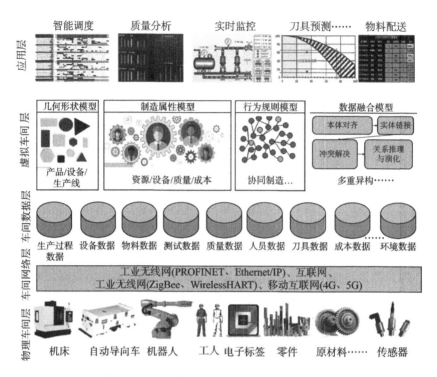

图 7-6 基于数字孪生驱动的智能车间架构

（1）物理车间层。物理车间层是车间客观真实的存在（如机床、自动导向车（AGV）、机器人、工人、零件、原材料、传感器、电子标签（RFID）等），负责接收指令、执行生产并完成生产任务的物理实体的集合，例如，分布式数控（Distributed Numerical Control，DNC）装置能实现以下功能：传递数控（NC）代码、收集和上传机器状态信息、传递刀具数据、管理和跟踪 NC代码。数字孪生驱动的智能车间除了具备传统车间的功能和作用，其物理车间还具备基于 IoT 的异构多源实时感知能力，例如，数字孪生驱动的智能车间中安装了多种传感器，包括温度传感器、电压传感器、压力传感器、速度传感器、位移传感器、激光传感器等，同时带来了一个新问题，即数据源和数据格式不统一，但车间生产又需要及时处理，如 AGV 遇到障碍时需要及时停止或减速并重新规划路线。

（2）车间网络层。该层为智能车间提供网络连接设施基础，是物理空间和虚拟空间之间的桥梁，采用的技术有工业互联网、互联网、工业无线网、移动互联网等。网络层侧重于可靠、便捷、实时。由于物理车间层存在不同的应用系统和网络，网络层需要同构化不同的网络拓扑和网络协议。针对不同的异构系统，该层需要提供统一、规范的结构。例如，无线 IoT 技术有蓝牙、WIFI、Zigbee、RFID、5G、PROFINET 等；车间总线技术有德国的 PROFIBUS、丹麦的 P – Net、法国的 WorldFIP 等。

（3）车间数据层. 包括物理车间中的刀具数据、设备数据、物料数据、质量数据、成本数据、人员数据、环境数据、生产过程数据等，虚拟车间的模型数据、仿真数据、预测数据以及车间应用系统的供应链数据、产品管理数据等，它是 DTS 的基础数据管理层。由于网络技术和传感技术的发展，车间数据逐步展现出大数据的 3V 特征，即高容量、高速度、高纬度。车间数据层不仅聚焦于数据处理的有效性、虚拟化，同时聚焦于多源异构数据的无缝集成。例如，半结构化数据（设备维修订单）和非结构化数据（零件图纸）能存储在 Hadoop 分布式文件系统中。在智能车间中，各种生产系统中的数据，如 ERP、MES、WMS 等都是结构化的，可以通过 Sqoop 从关系类型数据库（如 Mysql、SQL Server、Oracle、Sybase、DB2）中导入 Hbase 中。Mahout 可以通过主成分分析和聚分析在 Hbase 中实现分布式处理、分析和挖掘。

（4）虚拟车间层。这是该架构中最重要的一层，由一系列模型融合而成，具体包括几何形状模型、制造属性模型、行为规则模型、数据融合模型。其中几何形状模型用于描述物理车间所包括的生产要素的几何大小、形状、颜色等；制造属性模型又分为资源属性模型、质量属性模型、成本属性模型、环境属性模型、能源属性模型等；行为规则模型用于描述车间内工作流和信息流的规则，如协同制造的外协管理、突发的紧急订单、设备异常故障、物料短缺等情况下的逻辑规则；数据融合模型分为数据级融合、特征级融合和决策级融合，各级融合模型不同，结果精度依次降低，但灵活性依次提高，对信息传输带宽要求降低，能有效融合目标各个侧面的不同类型信息。

（5）车间应用层。该层是车间各应用系统功能的集合，负责为车间智能化管控提供决策支持，如生产调度优化、制造资源实时监控、产品质量实时检测、物料配送优化等。

2. 生产数字孪生的构建

数字孪生驱动的智能车间在以上架构的基础上需要构建一个面向生产过程的数字孪生，本书将其称为生产数字孪生（Product Digital Twin，PDT）。美国密歇根大学格里夫斯（Grieves）教授在 2014 年提出了一个标准的通用型 DT

模型，可以用以下表达式描述 DT ＝（PP，VP，VR），其中 PP 指的是实体空间中的物理产品，VP 表示虚拟空间中的虚拟产品，VR 表示虚拟空间与实体空间之间联系的数据和信息。由于智能制造车间包含人员、机器、物料、方法、环境等因素，无法通过上述模型全面表达，为此，笔者特提出一种面向生产过程的新型 DT 模型，即 PDT ＝（PDM，GSM，MAM，BRM，DFM），其中 PDM 表示产品定义模型，GSM 表示几何形状模型，MAM 表示制造属性模型，BRM 表示行为规则模型，DFM 表示数据/信息融合模型，如图 7-7 所示。

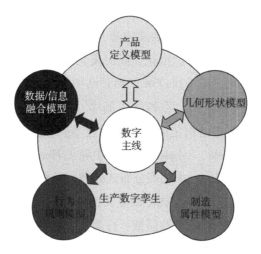

图 7-7　生产数字孪生组成示意图

（1）产品定义模型（Product Definition Model，PDM）。产品定义信息包括产品设计和制造信息，如三维标注和尺寸、物料清单（BOM）、几何公差、表面粗糙度、材料规格等，这些信息通过一个完整的三维模型来传递，本书称其为产品定义模型。为了保证产品数据的唯一性，智能车间除 PDM 外没有独立的二维工程图。

（2）几何形状模型（Geometric Shape Model，GSM）。该模型涉及智能车间构件的几何尺寸和形状，如机床的高/宽/长、水平/垂直和单轴/多轴、材料的单晶体/多晶体。

（3）制造属性模型（Manufacturing Attribute Model，MAM）。该模型涉及智能车间要素（产品除外）的非几何属性，包括功能、工艺、能耗、成本、质量、数量等。以加工中心为例，其可采用车削、铣削、钻孔等，复位精度为 0.005mm，生产成本为 25 元/s，为了找到适合瓶颈工序的制造资源，需要资源需求与属性匹配。

（4）行为规则模型（Behavior Rule Model，BRM）。它涉及智能车间元素的行为和规则。行为包括智能车间中的活动、动作、反应、操作者和设备的动作。例如，机床的行为因素包括待机、运转、故障、停用等；操作者的行为因素包括对刀、急停、夹紧工件、测量工件、清洁夹具等；物料的行为因素包括：预检、合格、不合格、退货。为了形式化地描述这些行为因素以及它们之间的关系，可以使用统一的建模语言、Petri 网等。规则类型包括工艺约束、能力约束、材料约束、时空约束、能耗约束等。规则建模用于描述领域知识和支持制造决策，使行为模型具有评价、优化和预测的能力。为了建立规则模型，可以使用多种技术，如数学规划、帕累托优化、模糊逻辑、鲁棒优化、神经网络等。

（5）数据/信息融合模型（Data Fusion Model，DFM）。包括对生产数据之间存在的关联关系的描述和网络建模，如复杂网络理论。在智能车间中，多源数据需要动态获取、组合并转化为可理解的知识，这样就可以挖掘知识，找到隐性知识之间的关系，从而保证 PDT 在时空动态演化下的唯一性和权威性。随着智能制造技术的发展，数据生成方法不断增加。数据之间的关系变得密不可分，呈现出大规模数据关联、交叉和集成的局面。例如，工人、设备、成本和运输将根据实际车间的制造工艺路线而有所不同。为了从大量的车间数据中挖掘信息和知识，需要一个数据融合模型，包括以下关键技术：模式/本体对齐技术、实体链接技术、冲突解决技术、关系推理与演化技术。数据融合和挖掘将是解决车间生产问题的有效方法，如人工神经网络、支持向量机、制造业大数据、深度学习等。

3. 数字孪生驱动的智能车间动态资源优化配置策略

该动态调度策略具体分为以下几个阶段，如图 7-8 所示。

第 1 步：物理车间层基于 IoT 实时采集车间状态数据（如生产任务、生产工艺和物料、工装等实时信息），这些数据被称为孪生数据。

第 2 步：虚拟车间层根据孪生数据驱动该层中的各模型，使其能实时反映物理车间的最新状态，形成物理车间与虚拟车间之间的映射。

第 3 步：车间应用层运用智能算法针对虚拟车间层中融合的模型进行仿真优化，产生多个调度方案集，并通过车间应用层数字化、图形化地展示，提供给车间调度人员作为参考；由车间调度人员从方案集中选择一个方案作为执行方案，并通过车间网络层将指令下达给物理车间层。

第4步：若物理车间发生机器故障、物料短缺、紧急插单等异常情况，车间数据层将会获取异常信息，并在车间模型层真实反映和记录该时刻各台机器上正在加工以及后续未加工的工序信息。

第5步：根据获取的异常信息，车间应用层再次运用智能算法针对虚拟车间层中融合的模型进行仿真预测，判断是否需要重调度，若不需要，则继续执行原始调度方案；否则，转到第3步。

在以上调度优化过程中，通过数字孪生技术给调度人员提供更精确、更实时的信息供决策参考，减少调度工作量并获得物理车间最优的调度方案。

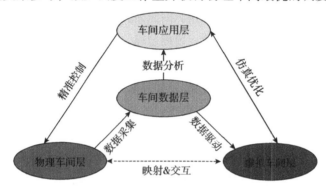

图7-8　数字孪生驱动的调度策略

这里给出一个数字孪生驱动智能车间的动态资源优化配置应用案例：某机械加工车间共有6台机器，计划加工4个工件，每个工件的行为规则模型即工艺路线不相同，每道工序所对应的机器设备加工工时如表7-1所示，其中第1列表示代加工工件，第2列表示工序，第3~8列表示设备完成该工序所需工时，"—"表示该机器不满足该工序的加工要求。为了模拟设备故障信息，分别给出了三种异常情况，如表7-2所示，其中第1列表示异常情况编号，第2列表示出现故障设备的代号，第3列表示发生故障的时间，第4列表示设备需要的维修时间。

表 7 - 1　工件工序工时基本数据

工件	工序	设备和工序工时					
		M1	M2	M3	M4	M5	M6
J1	O11	2	3	4	—	—	—
	O12	—	3	—	2	4	—
	O13	1	4	5	—	—	—
J2	O21	3	—	5	—	2	—
	O22	4	3	—	—	6	—
	O23	—	—	4	—	7	11
J3	O31	5	6	—	—	—	—
	O32	—	4	—	3	5	—
	O33	—	—	13	—	9	12
J4	O41	9	—	7	9	—	—
	O42	—	6	—	4	—	5
	O43	1	—	3	—	—	3

表 7 - 2　设备故障基本数据

编号	故障设备	故障时间	维修时间
1	M6	5	4
2	M2	11	5
	M3	11	3
3	M1	5	2
	M4	5	6
	M5	5	1

通过智能优化算法，车间应用层给出了两种初始调度方案（方案 a 和方案 b），如图 7 - 9 所示。以情景 3 为例，在调度时刻 5, 1、4 和 5 三台机器同时发生了故障。方案 a 中如果采用右移策略，工序 32 及后续工序 33 都会被延迟，最终完工时间延迟为 23，如图 7 - 10 所示；采用本书提出的方法重调度后，完工时间为 18，如图 7 - 11 所示。对于方案 b，如图 7 - 12 所示，右移策略的完工时间为 23；采用本书提出的方法重调度后完工时间为 18，如图 7 - 13 所示。

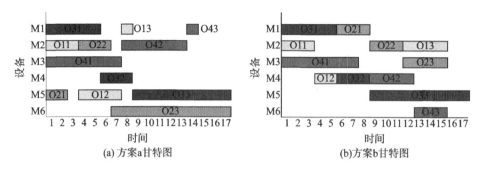

(a) 方案a甘特图　　　　　　　　(b)方案b甘特图

图 7－9　初始调度方案甘特图

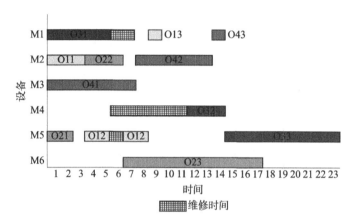

图 7－10　基于 RS 策略的调度方案甘特图（方案 a、情景 3）

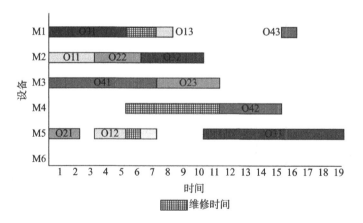

图 7－11　基于 DT 策略的调度方案甘特图（方案 a、情景 3）

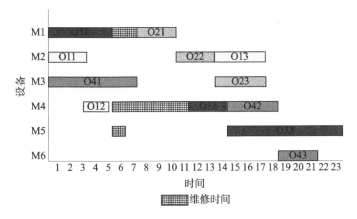

图 7 – 12 基于 RS 策略的调度方案甘特图（方案 b、情景 3）

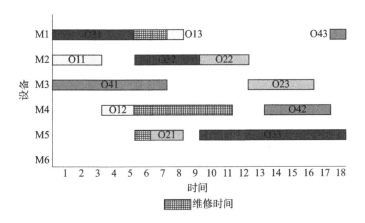

图 7 – 13 基于 DT 策略的调度方案甘特图（方案 b、情景 3）

DT 策略与 RS 策略对比如表 7 – 3 所示，采用两个目标函数，一个是最小化最大的完工时间 f_1，另一个是最小化重调度优化后与前者的偏差度 f_2。由表 7 – 3 可知，本书提出的方法要优于右移策略，能够在完工时间不发生延长或者延长时间非常短的情况下安排生产。同时，整体而言，方案 a 优于方案 b，因为在第 2 种异常情况下，方案 a 经过优化后保持了原定的计划完成时间，而方案 b 则延迟了 1h，说明数字孪生驱动的智能车间动态资源优化配置策略的有效性。

表 7-3 DT 策略与 RS 策略对比

编号	方案	DT		RS	
		f_1	f_2	f_1	f_2
1	a	17	0	20	3
	b	17	0	17	0
2	a	17	0	18	1
	b	18	1	20	3
3	a	19	2	23	6
	b	18	1	23	6

7.4 基于数字孪生和 AutomationML 的赛博物理生产系统信息建模

越来越多的制造企业面临着降低成本和快速应对市场环境变化的压力，如逐渐缩短的产品生命周期、个性化产品定制和动态随机的制造过程。为了应对这些挑战，快速集成和实时监控制造资源已成为一个紧迫的问题，这些资源可能位于一个工厂内，也可能是全球供应链的动态集成。为了解决这个问题，学术界和工业界已经开始致力于开发赛博物理生产系统（CPPS）。无论是生产专业化分工还是网络化制造，都需要 CPPS 支持面向动态制造环境的实时决策。信息通信技术（ICT）的最新进展为 CPPS 提供了代理、射频识别（RFID）、边缘计算、人工智能、机器学习和移动互联网等关键支撑技术。随着信息通信技术在制造业中的广泛应用，物理资源与虚拟资源之间的互联互通面临着越来越多的挑战。

1. CPPS 相关技术

（1）基于云计算和 CPS 的"制造即服务"。随着代理技术和工业互联网技术的发展，本地制造资源可以封装为服务，甚至可以在全球范围内共享。制造业服务可以克服物质资源的距离障碍和异质性，不同类型的制造资源可以完成相同的任务，即使它们处于不同的位置，使用不同的数控系统，并且由不同的管理服务提供商（MSP）拥有。例如，采用 FANUC 系统的数控车床和采用 SIEMENS 系统的加工中心都可以加工典型的回转体零件，但后者的成本高于前者。应该在各种服务之间实现制造资源的交互和集成，制造服务支持按需使用、动态重新配置，因为这些服务部署在 CPPS 的网络空间中。

（2）对动态性制造事件和需求订单波动的智能决策。制造资源（如机器和人）将在 CPPS 中产生大量的数据，如生产静态/历史数据、动态/实时数据。数据分析的作用是为智能决策提供参考依据。自组织生产系统不仅需要数据支持，还需要数据驱动的操作知识，特别是生产过程监控、调度优化、故障诊断和预测。这些决策方法（如信息融合）需要描述模型、预测模型和规定模型，而这些模型将是 CPPS 中的核心价值。

2. CPPS 相关定义

机器对机器（M2M）和人对机器（H2M）交互是开发 CPPS 的第一步，允许不同格式的数据访问和共享不同的应用程序。从本质上讲，可以认为 CPPS 的技术基础源自物联网。传感器和 RFID、嵌入式电子设备被用来感知制造资源。当感知信息被上传到云端时，生产调度信息从云端下载到本地资源中。它实质上是通过有线或无线网络收集和交换数据，如设备状态、生产进度和生产环境。应该收集和处理不同生产阶段的数据，包括原材料、机器操作、设施物流，甚至操作人员数据。然而，虽然新的机器、传感器、通信网络等都是为这些新特性而设计和准备的，但目前的生产系统受到限制或无法集成不同格式的数据。如何提高资源整合效率是 CPPS 研究的关键。为此，本书设计了一种新型的四层 CPPS 系统架构支持 DT 的集成，如图 7-14 所示。

笔者研究了 CPPS 信息建模方法：利用 AutomationML 对 CPPS 进行建模可以从资源、过程和产品三个方面实现。这里给出了用于整体叶盘制造的 PPR 实例。AutomationML 基于以下 CAEX 概念，这些英文短语指的是 CAEX 模式中定义的元素。

InstanceHierarchy：实例层次使用内部元素（InternalElement，IE）对生产系统中的对象进行建模。内部元素可以用于物理组件（如传送带或仅仅是传送带的机械部件）的建模，也可以用于逻辑组件（如 PLC 程序）的建模。内部元素应使角色类库中至少一个角色类被实例化，并可以引用接口类库中的接口类属性。

RoleClass：AutomationML 定义了一组基本角色类并制定了角色类的定义规则，用户可以根据需要定义新的角色类。每个角色类可以具有属性和接口。

SystemUnitClass：系统单元类可以被认为是可重用的系统组件模板。

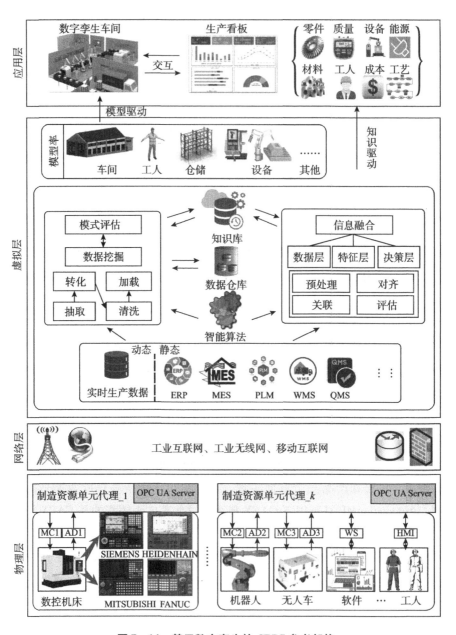

图 7-14　基于数字孪生的 CPPS 参考架构

AutomationML 没有定义基本的系统单元类，仅定义了一些规则，系统单元类由用户定义。每个系统单元类应具有类似于角色类和接口类的唯一名称，并且应该至少有一个角色类。此外，一个系统单元类可以由另一个系统单元类派生。

InterfaceClass：AutomationML 定义了一些基本接口类并制定了接口类的定义规则，用户可以根据需要定义新的接口类。接口类用于以下两种情况。①定义生产系统中对象之间的关系（如数控车床间通过以太网接口连接）；②用于对存储在 CAEX 文件之外的信息（如 COLLADA 或 PLCopenXML 文件）的引用。

在本书中，一个具体的 CPPS 系统被表示为一个 InstanceHierarchy。在 InstanceHierarchy 中，每个 CPPS 可以包含许多具有相同或不同制造资源单元代理（Manufacturing Cell Agent，MCA）模型的元素。例如，不同 MSP 拥有相同类型的车床，这些车床可以在 CPPS 中集成和共享。MSP 可以根据 SystemUnitClass 中的信息模型实例化自己的设备。制造资源的信息模型定义了元数据，其中包含加工范围、加工精度、价格、周期等相关属性。这些资源实例可以很容易地在 CPPS 中删除、添加或更新，这是 DT 的一项重要功能。MSC 可以选择一个最适合需求的实例作为加工设备。

InstanceHierarchy 由一些元素（InternalElement）组成。每个元素对应一个物理制造资源，该资源被建模为"实例"，它是 InstanceHierarchy 中的一个元素。DT 的类型可以是 SystemUnitClass 或 RoleClass，因为每个元素都由 SystemUnitClass 或 RoleClass 的实例组成。独立于供应商的资源可以由 RoleClass 建模，特定的资源可以由 SystemUnitClass 建模。数字孪生体之间的相互联系被表示为内部联系。在 AutomationML 格式下，所有数字孪生体都可以建模为 SystemUnitClass 或 RoleClass，而数字孪生体与数字孪生体属性之间的关系可以通过接口类中的接口来定义，如加工精度、位置和成本。SystemUnitClass 或 RoleClass 的实例对应于这些属性元素的特定值。

3. CPPS 信息建模步骤

CPPS 信息建模步骤如下，如图 7 - 15 所示。

第 1 步：在角色类库中，建立制造类资源的基本角色类，包括资源类、工艺类和产品类。标准 IEC 62424 已经提供了基本的离散制造系统服务类。

第 2 步：在接口类库中，定义产品生产加工类的接口关系，如 PPRConnector。

第 3 步：在系统单元类库中，创建的 MCA 模型作为制造服务的基本系统单元类。这些 MCA 模型将会在 InstanceHierarchy 中被参考和实例化。在创建

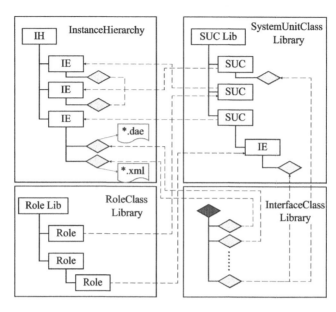

图 7-15　基于 AutomationML 的 CPPS 信息建模步骤

MCA 模型时，将会引用上述定义的角色类库中基本角色类，或引用接口类库中的接口类。通过此步骤，将制造资源封装为服务类。每个物理制造商对自己的服务进行实例化。

第 4 步：在实例层次中，包括了相关的角色类和系统单元类。实例层次中的实例被具体化为建模车间中的生产过程和生产数据。这些模型以 COLLADA 格式存储在 CPPS 中。

4. CPPS 建模实例

在 AutomationML 中，SystemUnitClass 是一种有效的 MCA 建模方法类。任一 MCA 都可以用来组合，从而完成更复杂的制造任务。在工程项目中，可以在 InstanceHierarchy 中实例化这些 MCA 对象。通过使用 SystemUnitClass，每个制造商都可以将自己的制造资源封装为服务。这些制造资源可以是硬件（如锻压机、抛光机、数控加工中心、三维坐标测量机、物流车辆），也可以是软件（如 CAD/CAM/CAE、PLM、ERP、CRM、MES）。在基于 AutomationML 的 CPPS 模型中，这些制造服务由 InstanceHierarchy 中的 InternalElement 实例表示。例如，叶盘生产线有六个 MSP。第一个 MSP 拥有大吨位螺旋压力机，提供精密锻造的制造服务；第二个 MSP 拥有高速蠕动磨床，提供精密锻造的制造服务；第三个 MSP 拥有五轴数控加工中心，提供车铣钻加工制造服务；第四个 MSP 拥有数控抛光机和三维坐标测量机，提供整体叶盘精加工抛光和质量检测的制造服务；第五个 MSP 拥有一些物流中转设备，为工厂之间的毛坯和零件提供中转服务；第六个 MSP 拥有螺旋压力机，提供锻造服务。

最后在一个叶盘加工生产线上进行实例验证，证明了该理论的可行性和有效性，实现了制造资源的异地共享和 DT 的集成。下面将以一个基于 DT 的 CPPS 为例来演示如何对整体叶盘制造车间进行建模。如图 7-16 顶部所示，实体整体叶盘可分为原材料、在制品和成品三种。在虚拟空间中，对应于物理整体叶盘构造虚拟产品，如图 7-16 中部所示。如图 7-16 底部所示，整体叶盘的工艺路线包括锻造、粗铣、去应力退火、磨削、精铣、抛光、检验等。这种建模方法可以方便地创建用于整体叶盘加工的 CPPS 实例。MCA 可以通过封装和建模来构建自己的数字孪生体。

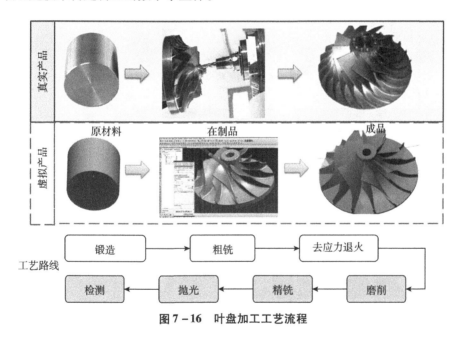

图 7-16　叶盘加工工艺流程

在图 7-16 中，最后四个过程是关键的瓶颈过程，需要昂贵的设备并且仍然存在许多技术挑战。这些昂贵的设备包括蠕动磨床、五轴数控加工中心、数控抛光机和三维坐标测量机。传统上，上述用于整体叶盘制造的设备必须位于工厂内。然而，基于 CPPS，拥有这些设备的 MSP 可以参与整体叶盘加工并共享其设备。在制品可以通过物流车辆运输，即使设备不在工厂内。在 CPPS

125

中，该设备的 DT 将被集成，以监视设备和优化制造过程。

笔者所在课题组在 DT 的基础上开发了一个实验性的 CPPS，采用了 3DS MAX（2018 版）、Unity（2018.3.3f1 版）、SQLite（3.27.1 版）、Brower（3.11.0 版）和 Visual Studio（2017 版）等开发工具。为了开发该工厂的数字孪生体，这些制造资源的三维模型由 3DS MAX 开发，如机床、机器人、叉车等。三维模型集成和图形用户界面是通过 Unity 3D 实现的，如工厂三维模型的集成、设备的起动和停止、生产指令的集成。SQLite 和数据库浏览器作为 DT 的数据库，存储设备状态、生产进度等实时生产数据。如图 7 - 17 所示，A 公司拥有磨床、抛光机、五轴数控加工中心和三维坐标测量机，位于陕西省西安市。整体叶盘制造需要使用车床，但 A 公司缺少此类设备。B 公司的这类车床可以通过 DT 集成到 CPPS 中，尽管这些车床位于河南省郑州市。

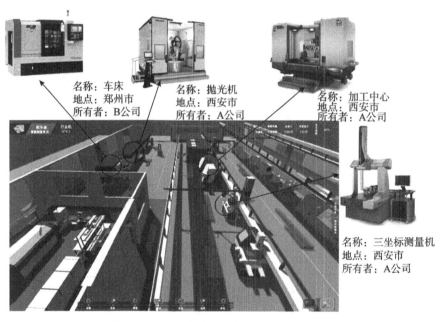

名称：车床
地点：郑州市
所有者：B公司

名称：抛光机
地点：西安市
所有者：A公司

名称：加工中心
地点：西安市
所有者：A公司

名称：三坐标测量机
地点：西安市
所有者：A公司

图 7 - 17　基于数字孪生的 CPPS 试验平台

根据基于 AutomationML 的 CPPS 建模步骤，在这种情况下，需要 6 个步骤对车间进行建模。第 1 步，定义制造资源的基本角色类，如车床、铣床、加工中心、三坐标测量机、自动导引车等。第 2 步，定义接口类，如 PortConnector、PPRConnector、COLLADAInterface 和 PLCOpenXMLInterface。第 3 步，根据行业领域的知识，为特定的制造资源定义 SystemUnitClass。第 4 步，在 InstanceHierarchy 中创建特定制造资源的 InternalElement，每个 InternalElement 必须引用到特定的 RoleClass 或 SystemUnitClass 中。第 5 步，Interface Class 附加到这些 InternalElement，以建立与其他元素之间的逻辑关系；第 6 步，在 InstanceHierarchy 中为 InternalElement 的这些属性建模。所有这些制造资源都可以用 AutomationML 建模，如图 7 – 18 和图 7 – 19 所示。物理机床的 AML 代码如图 7 – 20 所示。这些代码将由 MCA 更新为 CPP。通过对这些自动代码进行解析，可以得到设备的属性。这些属性可以在 CPPS 中的 DT 上显示，如图 7 – 20（c）所示。通过实验平台，实现了资源的整合和共享，尽管这些资源不在同一个工厂内，但可由一个 MSP 拥有。

图 7 – 18　CPPS 信息建模示意图

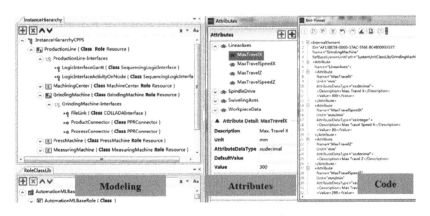

图 7 – 19　MCA 信息建模示意图

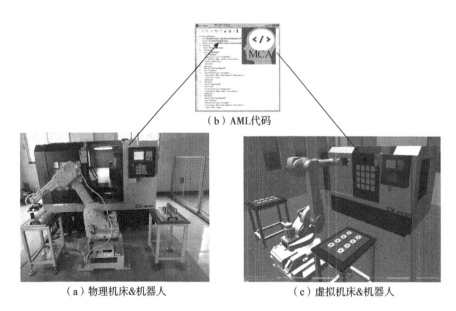

（b）AML代码

（a）物理机床&机器人   （c）虚拟机床&机器人

图 7-20　物理加工单元及其数字孪生实例

7.5　数字孪生的应用

1. 工业

波音公司为 F-15C 型飞机创建了数字孪生体，不同工况条件、不同场景下的模型都可以在数字孪生体上加载，每个阶段、每个环节都可以衍生出一个或多个不同的数字孪生体，从而对飞机进行全生命周期中各项活动的仿真分析、评估和决策，让物理产品获得更好的可制造性、可装配性、易检测性和安全性，如图 7-21 所示。

2013 年 9 月，西门子工业自动化产品成都生产研发基地（以下简称"西门子成都工厂"）正式投运，它是西门子公司在我国设立的首家数字化工厂，是德国安贝格数字化工厂的姊妹工厂，如图 7-22 所示。

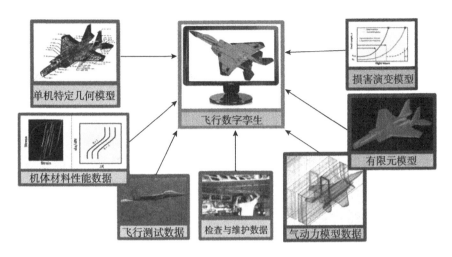

图 7 – 21　波音 F – 15C 型飞机的多个数字孪生模型

图 7 – 22　西门子数字化工厂

（1）原料入库。

在成都工厂，原材料能实现可溯源式管理。原材料到达车间后会拥有专属的"身份证"，这个"身份证"伴随原材料进入生产线，在每一个流程中，都会被相应的设备进行数据采集和跟踪，并最终储存在统一的数据管理平台中。

（2）产品设计。

西门子 PLM 产品生命周期管理软件为全厂提供统一的数据平台，使各部门能够协同工作。研发工程师可以使用西门子 NX 软件进行模拟设计，在设计过程中还可以进行模拟组装，真正实现"可见即可得"。这种数字化设计可以减少多达 90% 的编程时间，缩短了产品开发周期。

（3）数据共享。

设计好的产品数字模型带着专属的数据信息继续其"生产旅程"，通过计算机辅助制造（CAM）系统向生产线上传递，同时其数据信息进入 Teamcenter 软件中，供质量、采购和物流等部门共享，并实时更新。

（4）品质生产。

由制造执行（MES）系统生成电子任务单并统一下达，实时更新最新数据，并与 ERP 系统相集成，实现生产计划、物料管理等数据的实时传送。待装配的产品固定在自动引导车上，通过集成轨道行驶到工作台上完成装配。整个生产环节可靠、灵活、高效、柔性，产品一次通过率可达 99.9985%。

（5）数字仓储。

装配好的产品通过数据读取，在集成轨道上行驶并到达指定仓库位置。工厂仓库中共有近 3 万个物料存放盒，物料的存取通过"堆取料机"用数字定位模式抓取，节约了时间和空间。

（6）中央调控。

西门子 SIMATIC IT 系统用于整个生产计划的调度。数字化协同、快速研发，使产品上市时间缩短 50%，准时交付率达到 98.8%。并通过优化规划质量，使制造成本降低 13%，在低成本下保证了高质量。

通用电气公司（GE）从概念设计阶段开始建立航空发动机数字孪生体的过程更容易将设计和结构模型与运行数据相关联，如图 7-23 所示。反过来，发动机数字孪生有助于优化设计，提高生产效率。目前，GE 的数字孪生技术正在向这方面发展，它通过汇总设计、制造、运行、完整飞行周期和其他方面的数据以及在物理层面对发动机的了解，预测航空发动机的性能表现。

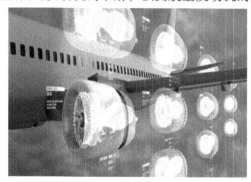

图 7-23　GE 航空发动机数字孪生

① 将航空发动机实时传感器数据与性能模型结合，随着运行环境的变化和物理发动机性能的衰减，构建出自适应模型，可精准监测航空发动机的部件和整机性能。

② 将航空发动机历史维修数据中的故障模式输入三维物理模型和性能模型，构建出故障模型，可应用于故障诊断和预测。

③ 将航空公司历史飞行数据与性能模型结合并融合数据驱动的方法，构建出性能预测模型，预测整机性能和剩余寿命。

④ 将局部线性化模型与飞机运行状态环境模型融合并构建控制优化模型，可实现航空发动机控制性能寻优，使发动机在飞行过程中发挥更好的性能。

这些模型联合刻画出一个具有多种行为特征的数字发动机，并向物理空间传递在特定场景下所呈现的行为信息，GE 由此实现了对航空发动机运维过程的精准监测、故障诊断、性能预测和控制优化。

基于航空发动机运维过程的数字孪生体应用，GE 还发布了预测性维修和维护产品——TrueChoice，帮助客户优化全生命期内的拥有成本。

2. 军事

美国海军信息战系统司令部（NAVWAR）完成了首个系统数字孪生模型——数字林肯的开发，这是海军数字化工程转型的重要里程碑。这一模型将在复杂系统交付前通过虚拟环境对解决方案进行测试和评估，在实地部署前解决发现的问题，此外还将提高系统的可靠性和赛博安全性，同时降低作战人员面临的风险。该模型包括的一组信息战功能已于 2020 年被安装在"林肯"号航空母舰上。

为了与《美国国防部数字现代化战略》保持一致，美国海军信息战系统司令部正在转变其方法，从原有的"设计—构建—测试"方法改为"建模—分析—构建"方法，从而在交付前通过虚拟环境测试和评估解决方案。美国海军信息战系统司令部的一名执行理事称，美国海军必须对系统的设计、开发、交付、操作和维护方式进行现代化改造，而在现代化改造中，数字化工程发挥着至关重要的作用。它允许在系统的整个生命周期中使用数字模型，从而提高系统的赛博安全性、互操作性和韧性。

数字林肯使用美国海军信息战系统司令部基于模型的系统工程（MBSE）、综合字典和需求框架来开发五个未来安装到"林肯"号航母上的互联系统的数字表现形式。该司令部 MBSE 实施负责人表示，MBSE 旨在使开发和工程信息共享保持一致性。综合字典在工程师构建数字模型时为其提供可用的零件清单；系统工程指导人们如何将零件组装在一起，需求框架则负责描述数字模型间的可追溯性，以便跟踪零件的连接方式和连接原因。

数字林肯是一种黑箱模型（black box model），可以从其输入和输出查看模型的数字表现形式，"林肯"号上的以下五个互联系统将建立数字表现形式。

（1）海军分布式通用地面系统（DCGS - N）。DCGS - N 是海军主要的情报、监视、侦察和目标瞄准支持能力来源。无论是在海上还是在岸基，DCGS - N 工具对于作战指挥官的战斗空间感知和网络中心作战都至关重要。

（2）下一代海军综合战术环境系统（NITES - Next）。这是一种使用气象和海洋数据帮助作战人员进行任务筹划、任务执行、关键决策制定和态势感知的系统。

（3）海上战术指挥控制系统（MTC2）。海军指挥控制项目，提供作战管理辅助工具，实现海上作战行动动态筹划、指挥、监控和评估。

（4）海上全球指挥控制系统（GCCS - M）。该系统融合、关联、过滤、维护并显示友国、敌国、中立国的陆军、海军、空军部队的位置和属性信息。

（5）敏捷核心服务（ACS）。统一海上网络和企业服务（CANES）的一个元素，是 CANES 的基础设施，支持应用程序迁移。

美国海军信息战系统司令部需求管理负责人表示，在数字化环境中对复杂系统进行建模就像多人参与完成一个大型拼图，每个人独立负责其中的某个部分，一个系统就像拼图中的一部分。过去必须等到实地部署系统时才能将拼图碎片组装在一起，而现在通过数字工程，美军在实地部署前就能够将拼图碎片组装在一起，从而实现在将系统交付给作战人员之前解决问题。通过开发这些系统的数字孪生模型（即数字模型），美国海军信息战系统司令部能够在系统安装之前确定能力差距和需求重叠之处。例如，该司令部已发现某些系统需要完全相同的信息。数字林肯使海军能够只使用一个系统就解决需求重叠问题，而不是以往的两个或三个系统。这就减少了带宽的使用，这在带宽下降的环境中非常重要。除了开发这些系统的数字孪生模型，数字林肯还提供了用于开发未来数字模型的标准化格式以及将来用于安装的基线。

3. 医疗

随着经济的发展和生活水平的提高，人们越来越意识到健康的重要性。然而，疾病"预防缺"、患者"看病难"、医生"任务重"、手术"风险大"等问题依然阻碍着医疗技术的发展。数字孪生技术的进步和应用使其成为改变医疗行业现状的有效切入点。

　　未来每个人都将拥有自己的数字孪生体。如图 7 - 24 所示，结合医疗设备（如手术床、监护仪、治疗仪等）数字孪生体与医疗辅助设备（如人体外骨骼、轮椅、心脏支架等）数字孪生体，数字孪生将成为个人健康管理、健康医疗服务的新平台和新实验手段。基于数字孪生五维模型，数字孪生医疗系统主要由以下部分组成。

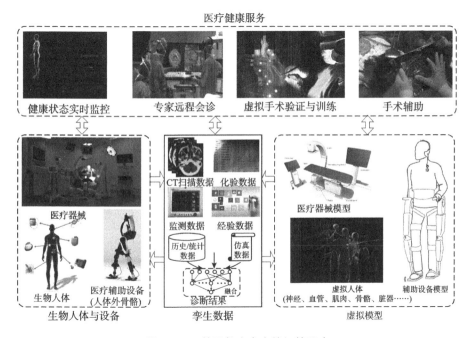

图 7 - 24　基于数字孪生的智慧医疗

　　（1）生物人体。通过各种新型医疗检测和扫描仪器以及可穿戴设备，可对生物人体进行动静态多源数据采集。

　　（2）虚拟人体。基于采集到的多时空尺度、多维数据，通过建模完美地复制出虚拟的人体。其中，几何模型体现人体的外形和内部器官的外观与尺寸；物理模型体现的是神经、血管、肌肉、骨骼等物理特征；生理模型体现的是脉搏、心率等生理数据和特征；生化模型是最复杂的，要在组织、细胞和分子的多空间尺度，甚至毫秒、微秒数量级的多时间尺度上展现人体生化指标。

（3）孪生数据。有来自生物人体的数据，包括 CT、核磁、心电图、彩超等医疗检测和扫描仪器检测的数据，血常规、尿检、生物酶等生化数据；有虚拟仿真数据，包括健康预测数据、手术仿真数据、虚拟药物试验数据等。此外，还有历史统计数据和医疗记录等。这些数据融合产生诊断结果和治疗方案。

（4）医疗健康服务。基于虚实结合的人体数字孪生，数字孪生医疗提供的服务包括健康状态实时监控、专家远程会诊、虚拟手术验证与训练、医生培训、手术辅助、药物研发等。

（5）实时数据连接。实时数据连接保证了物理模型与虚拟模型的一致性，为诊断和治疗提供了综合数据基础，提高了诊断准确性、手术成功率。

基于人体数字孪生技术，医护人员可通过各类感知方式获取人体动静态多源数据，以此来预判人体患病的风险及概率。依据反馈的信息，人们可以及时了解自己的身体情况，调整饮食及作息。一旦出现病症，基于孪生模型，各地专家无须见到患者，根据各类数据和模型即可进行可视化会诊，确定病因并制定治疗方案。当需要手术时，数字孪生协助术前拟订手术计划，医生可以使用头戴显示器在虚拟人体上预实施手术方案，如同置身于手术现场，可以从多角度及多模块尝试手术过程，验证手术方案的可行性并进行改进，直到满意为止。此外，还可以借助虚拟人体训练和培训医护人员，以提高其医术水平和成功率。在手术实施过程中，数字孪生可增加手术视角及警示死角的危险，预测潜藏的出血，有助于临场的准备与应变。此外，在虚拟人体上进行药物研发，结合分子细胞层次的模拟来进行药物的虚拟实验和临床实验，可以大幅度地缩短药物研发周期。

数字孪生医疗还有一个愿景，即从婴儿刚出生就可以采集数据，形成虚拟孪生，伴随儿童同步成长，作为儿童终生的健康档案和医疗实验体。

4. 城市管理

城市是一个开放的庞大的复杂系统，具有人口密度大、基础设施密集、子系统耦合等特点。如何实现对城市各类数据信息的实时监控，围绕城市的顶层设计、规划、建设、运营、安全、民生等多方面对城市进行高效管理，是现代城市建设的核心。如图 7-25 所示，借助数字孪生技术，参照数字孪生五维模型，构建数字孪生城市，将极大地改变城市面貌，重塑城市基础设施，实现城市管理决策协同化和智能化，确保城市安全、有序运行。

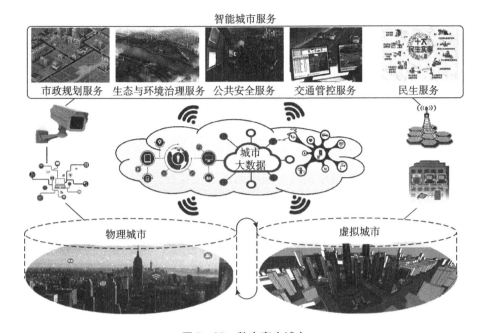

图 7 - 25 数字孪生城市

（1）物理城市。通过在城市的天空、地面、地下、河道等各层面布设传感器，可对城市运行状态进行充分感知、动态监测。

（2）虚拟城市。通过数字化建模，建立与物理城市相对应的虚拟城市，虚拟城市可模拟城市中的人、事、物、交通、环境等在真实环境中的行为。

（3）城市大数据。城市基础设施、交通、环境活动的各类痕迹、虚拟城市的模拟仿真以及各类智能城市服务记录等汇聚成城市大数据，驱动数字孪生城市发展和优化。

（4）虚实交互。城市规划、建设以及民众的各类活动，不但存在于物理空间中，而且在虚拟空间中得到极大扩充。虚实交互、协同与融合将定义城市未来发展新模式。

（5）智能服务。通过数字孪生，对城市进行规划设计，指引和优化物理城市的市政规划、生态环境治理、交通管控，改善市民服务，赋予城市生活"智慧"。

我国政府将数字孪生城市作为建设智慧城市的必要途径和有效手段，雄安新区的规划纲要明确指出要坚持数字城市与现实城市的同步规划、同步建设，致力于将雄安打造为全球领先的数字城市。中国信息通信研究院成功举办多次数字孪生城市研讨会，研讨数字孪生城市的内涵特征、建设思路、总体框架、支撑技术体系等。阿里云研究中心发布《城市大脑探索"数字孪生城市"白皮书》，提出通过建设数字孪生城市，以云计算与大数据平台为基础，借助物联网、人工智能等技术手段，实现城市运行的生命体征感知、公共资源配置、宏观决策指挥、事件预测预警等，赋予城市"大脑"。

此外，从国外比较具有代表性的探索来看，新加坡政府已经与达索合作，致力于建立一个数字孪生城市，用来监控城市中从公交车站到建筑物的一切事物，从而借助数字孪生城市实现对城市的图形化监控、仿真优化、规划决策等功能。Cityzenith 为城市管理搭建了"5D 智能城市平台"，基于这个平台，基础设施开发过程可以实现数字化以及城市的数字化全生命周期管理。IBM 沃森（Watson）展示了如何在城市建筑中使用数字孪生来控制暖通空调系统并监测室内气候条件，通过创建数字孪生建筑来辅助管理能源并进行故障预测，并为技术人员提供维护、控制等服务支持。

数字孪生技术是建设智慧城市的有效技术手段，借助数字孪生城市，可以提升城市规划质量和水平，推动城市设计和建设，辅助城市管理和运行，让城市生活与环境变得更好。

7.6　本章小结

本章首先介绍了赛博物理系统及其在制造业中的应用，以及"工 4.0"给制造业带来的显著变化和深远影响；其次，引入了数字孪生概念，它是赛博物理系统的核心技术，是数字化、仿真化、虚拟化、物联网化等相关技术的统称，为实现智能制造提供了一种可行的思路和解决方案；再次，基于数字孪生技术，设计了制造资源管理架构和动态优化配置策略，实现了物理车间与网络化、信息化世界（虚拟车间）之间各要素的交互与共融，从而根据虚拟车间信息，自主切换物理车间的生产方式和更换生产材料，调整最匹配模式的生产作业，即智能车间动态资源配置；接着进一步提出一种基于 AutomationML 的制造服务信息建模方法，方便将异构的物理资源集成到 CPPS 中，为生产系统中物理资源与虚拟资源的智能互联和交互提供技术支持；最后总结了数字孪生技术在各种行业中的发展和应用案例。

第8章 典型先进制造模式

8.1 概述

自 20 世纪 70 年代以来，世界市场由过去传统的相对稳定逐步演变成动态多变的状态，由过去的局部竞争演变成全球范围的竞争，同行业之间、跨行业之间的相互渗透、相互竞争日益激烈。为了适应迅速变化的市场需求，提升竞争力，现代制造企业必须解决 TQCS 难题，即以最快的上市速度（Time to Market）、最好的质量（Quality）、最低的成本（Cost）、最优的服务（Service）来满足不同顾客的需求。近年来，随着经济的发展，制造业所处的市场环境发生了剧烈的变化，如图 8 – 1 所示。

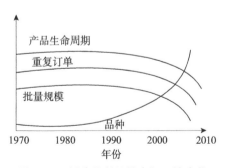

图 8 – 1　制造业所处的市场环境变化

从图 8 – 1 中可以看出，大批量和重复订单数在不断减少，产品生命周期也在缩短，产品种类却在迅速增加。在这种市场环境下，随着各种先进的制造技术、管理技术、信息技术与系统技术的不断应用，制造业针对不同的竞争重点，采用不同的竞争策略，产生了层出不穷的先进制造模式（见表 8 – 1）。简单地说，制造模式是指制造系统的体制、经营、管理、生产组织和技术系统的形态与运作方式，如计算机集成制造系统（Computer Integrated Manufacturing System，CIMS）、并行工程（Concurrent Engineering，CE）、精益生产系统（Lean Production System，LPS）、智能制造系统（Intelligent Manufacturing System，IMS）、敏捷制造系统（Agile Manufacturing System，AMS）、虚拟企业（Virtual Enterprise，VE）、快速原型制造（Rapid Prototype Manufacturing，RPM）、全能制造系统（Holonic Manufacturing Systems，HMS）、虚拟制造系统（Virtual Manufacturing System，VMS）、网络化制造系统（Networked Manufacturing System，NMS）、绿色制造系统（Green Manufacturing System，GMS）、生物制造系统（Bionic Manufacturing System，BMS）等。

表 8-1　典型先进制造模式的竞争策略

先进制造模式	竞争策略
计算机集成制造系统（CIMS）	通过信息集成、过程优化和资源优化，实现物流、信息流、价值流的集成和优化运行
敏捷制造系统（AMS）	灵活多变地快速满足多样化的产品需求，提高制造系统的柔性和快速反应能力
并行工程（CE）	对产品及其相关过程（包括制造过程和支持过程）进行并行、集成设计的一种系统化的工作模式，使开发者一开始就考虑到整个产品生命周期中从概念形成到产品报废处理的所有要素，包括质量、成本、进度计划以及用户需求
精益生产系统（LPS）	以"简化"为主要手段，以"人"为中心，以"尽善尽美"为追求目标，主要手法包括精益的组织方式、设计方式、协作方式、"准（及）时制"的生产管理方式
网络化制造系统（NMS）	采用先进的网络技术、制造技术及其他相关技术，突破空间地域对企业市场经营范围和方式的约束，实现企业间的协同和各种社会资源的共享与集成，高速度、高质量、低成本地为市场提供所需的产品和服务
绿色制造系统（GMS）	综合考虑环境影响和资源消耗的现代制造模式，减少制造系统对环境的负面影响，提高资源利用率，并使企业经济效益和社会效益协同优化
云制造系统（CMS）	在计算机的支持下，对现实制造系统的物流、信息流、能量流、工作流、资金流进行全面的模拟，产生可视化的虚拟产品，从而使企业快速满足市场的需求，提高产品市场竞争力
智能制造系统（IMS）	将制造系统各环节中的智能制造技术与制造环境中人的智能以柔性方式集成起来，使整个企业在生产经营过程中实现智能化（自组织、自适应、自学习、自维护）

续表

先进制造模式	竞争策略
全能制造系统（HMS）	按照"全能管理"原则和一定的运行规则，将若干"全能体"组织起来，能够根据需要自行地改变组织结构。通过加强基本单元的独立自主性和相互协调机制，提高系统的柔性，以适应外界环境的变化
生物制造系统（BMS）	采取类生物系统的方法解决制造系统中大规模的、复杂的和动态的系统问题，实现制造系统的自组织性、自治性、分布性和动态稳定性

　　纵观制造系统的发展历程，制造业的竞争要素是随着动态的市场变化而变化的。在 20 世纪 70 年代以前，企业间的竞争主要是成本上的竞争，哪个企业能以更低的成本生产出合适的产品，其竞争力就强；到了 20 世纪 70 年代，质量问题成为产品竞争力的主要体现。因此，在这一阶段，围绕提高产品质量，出现了如全面质量控制（TQC）、全面质量管理（TQM）、统计质量控制（SQC）等方法和技术。到了 20 世纪 80 年代，产品的交货期成为竞争的主要内容，出现了许多有利于缩短交货期的技术，包括早期的计算机集成制造系统；从 20 世纪 90 年代开始，由于产品的技术含量大大增加，顾客在制造系统中的地位被突出强调，因此，服务对于企业赢得市场竞争显得至关重要。20世纪 90 年代后期，可持续发展成为全球的一个热点，于是环境保护、清洁生产也成为企业竞争中的一个重要因素。21 世纪，随着知识经济时代的到来，生产具有自主知识产权的新产品成为企业竞争力的重要表现，知识创新成为决定企业能否生存的关键。从上述发展历程可见，竞争力的表现是多方面的，其热点随着社会的进步而变化。图 8 - 2 所示为制造系统竞争要素的演变过程：成本→质量→交货期→服务→环境保护→知识创新。

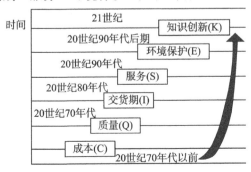

图 8 - 2　制造系统竞争要素的演变过程

由于每种先进制造模式的出发点和侧重点不同，因此对于众多的先进制造模式，必须从本质上理解其内涵、原理及特征，把握其关键技术和实施方法，这样才能决定实际的制造系统采用或借鉴什么样的制造模式来经营、管理和优化利用各种资源，以获取系统投入的最大增值。

为了更好地理解先进制造系统，本章将从制造系统整体的角度出发，着重介绍若干典型先进制造模式的相关概念及其实现的关键技术。

8.2 敏捷制造

8.2.1 敏捷制造的产生背景

20 世纪 70 年代至 80 年代，美国经济出现了严重的衰退。1986 年，麻省理工学院（MIT）的工业生产率委员会在美国国家科学基金会（NSF）和美国产业界的支持下，深入地研究了美国经济衰退的原因。研究表明，美国经济衰退的重要原因之一是美国政府认为其未来经济的关键是服务业，而把制造业视为夕阳产业不再予以重视。研究报告提出了遏制美国经济衰退的对策，即通过建设有强大竞争力的国内制造业来夺回美国的优势，从而促使美国经济复苏。

1987 年，美国国防部在其提交给国会的一份报告中指出：美国要想重振经济，必须大力发展制造业，恢复美国在制造业上的全球领先地位，为此必须拟订一份发展制造技术的长期规划，建立一种新的制造管理系统。1988 年，美国国会要求美国国防部拟订一份发展制造技术的长期规划，美国国防部则委托理海大学（Lehigh University）的亚科卡研究所（Iacocca Institute）担负此任。亚科卡研究所邀请了美国国防部、工业界和学术界的专家，建立了以十三家大公司为核心、有一百多家公司参加的联合研究组，对美国工业界近期的多篇优秀报告进行了分析，于 1991 年完成了《21 世纪制造业企业发展战略》报告，并在该报告中提出了一种新的制造管理系统，即敏捷制造系统。

敏捷制造一经提出就受到了广泛的重视。1993 年，美国国家科学基金会和国防部联合在纽约、伊利诺伊、得克萨斯等州建立了多个敏捷制造国家研究中心，分别研究电子工业、机床工业和航天国防工业中的敏捷制造问题。随着研究的深入，美国一些大公司应用敏捷制造系统取得了显著成效。日本和欧共体也开展了与敏捷制造有关的研究计划。我国"863"计划从1993年就开始对敏捷制造进行跟踪研究，并结合我国企业状况，开展了大量的调查研究。国家自然科学基金委员会（NSFC）自1995年起，每年都会资助敏捷制造方面的研究项目。目前，敏捷制造已在计算机制造、汽车与航空业等领域具有一定的实践基础，理论体系已初具雏形。

8.2.2 敏捷制造的内涵与特征

1. 敏捷制造的内涵

按照字面意思理解，敏捷（agile）一词是指"聪明、机动和快速"。就敏捷制造系统来说，敏捷性（agility）则是指制造企业能快速满足顾客对高质量、高性能产品和服务的要求，并能在急剧变化的市场中击败其他竞争对手，从而营利的能力。敏捷制造思想的出发点是基于对多元化和个性化市场发展趋势的分析，认为制造系统应尽可能具有高的柔性和快速反应能力（即敏捷性），从而在变幻莫测、竞争激烈的市场中具有强大的竞争力。因此，敏捷制造是制造系统为了实现快速反应和灵活多变的目标而采取的一种新的制造模式。

下面从市场/用户、企业能力和合作伙伴三个方面来理解敏捷制造的内涵，如图8-3所示。

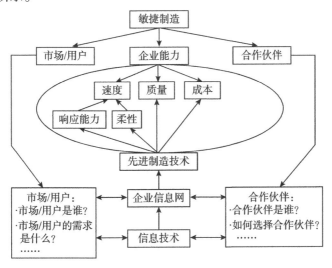

图8-3 敏捷制造的内涵

（1）敏捷制造的出发点是快速响应市场/用户的需求。

由于市场/用户需求日益多样化和个性化，企业要想在全球化市场竞争中取胜，必须快速响应市场/用户的需求，这就是敏捷制造思想的出发点。

为了对市场/用户需求做出快速响应，企业必须首先考虑：①市场/用户是谁？②市场/用户的需求是什么？③企业对市场做出快速响应是否值得？对这些问题的明确回答依赖于信息技术和企业信息网。在明确以上问题的基础上，企业才能对市场/用户的需求做出响应，迅速设计和制造低成本、高质量的产品，满足市场/用户的需求。

（2）敏捷制造要求不断提升企业能力。

为了对市场/用户的需求做出快速响应，必须不断提升企业能力。企业能力是企业在市场中生存的综合能力表现，对企业能力的衡量要综合考虑企业对市场/用户的响应速度以及企业产品的质量和成本。为了提升企业能力，企业必须采用先进制造技术，并依靠信息技术建设企业信息网，在此基础上，企业还要实现技术、管理和人员的全面集成。

（3）敏捷制造强调采用动态组织。

为了能够以最少的投资、最快的反应速度对市场/用户的需求做出响应，敏捷制造要求改变过去以职能部门为基础的静态组织，采用灵活多变的动态组织。动态组织是为了以最少的投资、最快的反应速度对市场/用户的需求做出响应，由两个或两个以上的成员组成的一种有时限的相互依赖、信任和合作的组织。组织成员可以来自企业内部的某些部门，也可以来自企业外部的公司，这些成员为了共同的利益组合在一起，每个成员只做自己擅长的工作，一旦产品或项目任务完成组织即自行解体，各成员可立即转入其他产品或项目。动态组织发展的最高阶段是虚拟组织或虚拟企业，这是一种能够对市场/用户需求做出快速反应的企业组织形式，它是由两个或两个以上的企业成员组成的在有限的时间和范围内进行合作的相互依赖、相互信任的组织。

采用动态组织形式，企业需要考虑：①有哪些企业能成为合作伙伴？②如何选择合作伙伴？③选择一个还是多个合作伙伴？④采取何种合作方式？⑤合作伙伴是否愿意共享数据和信息？⑥合作伙伴是否愿意持续不断地改进？对这些问题的明确回答同样需要依赖信息技术和企业信息网。

近年来，随着研究和应用的不断深入，学术界及企业界对敏捷制造的理解在以下几个方面基本取得了共识。

① 敏捷制造强调制造系统要快速满足多元化和个人化的市场需求，就要具有足够的柔性，即能够迅速实现自我调整以适应不断发生的变化。

② 敏捷制造需要高素质的员工，即要组建一支高度灵活、训练有素、能力强且具有高度责任感的员工队伍，并充分发挥其作用。

③ 敏捷制造的实现需要多个相关企业的协同工作，最终目标是使企业能在无法预测、持续变化的市场环境中保持并不断提高其竞争能力。因此，敏捷制造需要通过动态联盟或称虚拟企业来实现。

④ 虚拟制造技术是敏捷制造的重要支持技术，通过在计算机上完成某产品从概念设计到最终实现的整个过程，从而加快制造系统对市场的响应速度。

2. 敏捷制造系统的基本特征

根据理海大学亚科卡研究所的研究，敏捷制造企业具有以下 18 个特征。

（1）开放的体系结构。

（2）全企业集成。

（3）技术的领先作用。

（4）技术革新敏感。

（5）缩短循环周期。

（6）柔性的配置组合。

（7）产品设计一次成功。

（8）可存取和可使用的信息。

（9）产品终身质量保证。

（10）考虑长期利益的管理者。

（11）根据用户反应建立组织机构。

（12）并行工作。

（13）动态多方合作。

（14）继续教育。

（15）尊重雇员。

（16）向工作小组及其成员放权。

（17）知识面广的雇员。

（18）对环境友好。

根据这 18 个特征，可以总结出敏捷制造企业的基本特征。

（1）产品批量大小与成本关系不大。在今后的市场中，产品需求的多样化和个性化将越来越突出。敏捷制造企业敏捷性的一个突出表现就是可以灵活多变地满足多样化的产品需求,这一点通过可重组、重用和扩充的柔性加工设备以及动态多变的组织方式等来保证。产品批量与成本无关也是另一种先进制造模式——大批量定制(MC)所追求的主要目标。

(2)新产品快速上市。制造企业除了能按照用户要求生产出新产品,还必须快速地占领市场。敏捷制造企业敏捷性的一个重要含义就是快速响应能力。通过并行工作方式、快速原型制造、虚拟产品制造、动态联盟、创新的技术等措施来完成这一目标。

(3)全生命周期顾客满意质量。敏捷制造企业的质量概念强调在整个产品生命周期内使顾客满意。通过并行设计、质量功能配置(QFD)、价值分析、仿真等手段,在产品的设计、制造、销售、服务、维修、回收等整个生命周期的各个环节使顾客满意。

8.2.3 敏捷制造战略体系

敏捷制造战略体系见表8-2。

表8-2 敏捷制造战略体系

● 基于特征 　人的参与与智能化 　快速反应 　不断改进 ● 三大支柱 　人员 　管理 　柔性 ● 机械 　竞争与合作 　集成与分散 　智能增强 　宏观/微观,强化/活化 ● 组织 　功能交叉工作小组 　虚拟公司 　动态联盟 ● 管理 　自组织模式 　分形组织 　放权与协调 　经济可承受性 　JIT 逻辑	简洁化 激励 持续发展 分布式群决策 评价与优化 企业集成与柔性 非财务快速成本控制 财务保障 合作伙伴选择与评价 ● 技术 　快速开发与快速生产 　分布式集成 　高柔性制造 　高新与极限制造技术 　并行工程 　全方位与动画仿真 　虚拟现实制造 　标准化与成组技术 　模块重组与插件式兼容 　计算机辅助或 CAX 技术与装备工具 　敏捷化的装备与工具 　敏捷软件 　智能传感、控制与过程监控	非线性控制 自治控制 模糊控制 并行计划 全能制造 单元制造与 CIMS 质量工程 网络与通信技术 ● 基础 　社会支撑条件——法律(规) 　技术推广与商品化 　培训与教育 　通信与信息 　用户与供应厂商动态合作 　宽带网络与用户交互及互联网络 　零故障与污染的消除或处理 　社区关系 ● 敏捷竞争与市场环境 　用户满意的产品与服务 　灵活快速响应 　合作共享、平等竞争 　有序的市场环境 　售前/售后服务

8.2.4　实现敏捷制造的主要措施与关键技术

1. 实现敏捷制造的主要措施

为实现制造企业不断变化、快速响应的目标，敏捷制造企业通常采取下列措施。

（1）快速重组生产技术。

为了能敏捷地改变生产，对于离散型的生产企业，必须发展由柔性可编程序组成的、可重组的、模块化单元；对于连续型的生产企业，必须发展智能型的过程控制器和过程检测器以及能和实际生产过程并行运行的复杂过程的仿真系统，以测定不可测的中间变量，进一步对其实现有效的控制。

（2）快速响应的组织方式。

① 企业内部动态的组织方式。敏捷制造要求企业组织结构减少层次、扁平化，权利下放。并能根据市场的需求进行组织机构的设置和任务分配，如人员职能、各部门之间的关系、新的合作小组配置和合作方式等。这种组织形式可以对用户需求和市场竞争做出敏捷的反应，从而达到最佳的工作效果。

② 企业外部的动态联盟。敏捷制造企业的组织形式是开放性的，可以根据市场需求快速组成动态联盟和虚拟公司，各组成成员在相互信任的基础上进行技术、资源、经营等方面的合作，发挥各自的特长，从而快速、低成本、高质量地生产出市场需要的产品，共同获取利润。一旦市场需求结束，该联盟或公司也随之解散，各成员可以根据新的市场需求组成新的联盟。这种动态的组织方式为企业的发展提供了新的机遇。

③ 重视人的因素。与精益生产类似，敏捷制造也强调人在制造系统中的地位，但具体措施有以下不同之处。

一是把雇员的知识和创造性看作企业的宝贵财富。雇员是企业的积极组成部分，企业的竞争力在很大程度上依赖于雇员的知识和技能。因此，企业通过奖励和创造良好工作环境等各种方式来珍惜这一宝贵财富。

二是通过继续教育不断更新和提高雇员的全面技能。这能使雇员获取最新的信息和知识，并应用这些信息和知识提高企业的竞争力。

（3）技术的创新。

为了缩短新产品的上市时间，必须掌握最新的技术信息并拥有自己独有的高新技术。这一点通过及时掌握新的技术信息、培养具有丰富知识和创造力的人才、组成强有力的产品开发小组等方式来实现。

（4）组织、人、技术的集成。

敏捷制造企业还必须通过集成来实现整个企业的全局协调。只有将动态多变的组织、高素质的人才以及高新技术集成起来，组成一个有机的、充满活力的制造系统，才能使整个企业具有敏捷特性，实现"敏捷"的最终目标。当然，组织、人和技术三者的集成需要以信息的集成为基础。

2. 实现敏捷制造的关键技术

《21 世纪制造业企业发展战略》报告中描述了美国敏捷制造企业模式所包含的 20 个技术使能子系统，现只就其中最为重要的，也是现有企业在敏捷化变革中首先要解决的技术问题简述如下。

（1）基础技术：CIM 技术。计算机集成制造（CIM）技术是一种组织、管理与运行企业生产的技术。它借助计算机软硬件，综合运用现代管理技术、制造技术、信息技术、自动化技术、系统工程技术等，将企业生产全过程中有关的人、技术、经营管理三要素及信息流、物料流有机地集成并优化运行，以实现产品高质、低耗、上市快，从而使企业赢得市场竞争。它为实现敏捷制造的集成环境打下了坚实的基础，是敏捷制造的基础技术。

（2）技术环境：网络技术。实现敏捷制造，企业需要具有前述通信连通性，网络环境是必备的，并应按照企业网—区域网—全球网的步骤建立，实施企业的网络技术。利用企业网实现企业内部工作小组之间的交流和并行工作，利用区域网、全球网共享资源，实现异地设计和异地制造，及时地、最优地建立动态联盟。基于网络的企业资源计划管理系统和产品供应链系统都将为敏捷制造的实施提供必需的信息。

（3）统一技术：标准化技术。以集成和网络为基础的制造离不开信息的交流，交流的前提是有统一的交流规则，这就是标准化的工作。执行电子数据交换（EDI）标准、产品数据交换标准（STEP）及超文本数据交换标准 SGML 等，是进入国际合作大环境，参加跨国动态联盟的前提。

（4）虚拟技术：模型和仿真技术。敏捷制造通过动态联盟和虚拟制造来实现，因而对产品经营过程进行建模和仿真，采用基于仿真的产品设计和制造方法是十分必要的。另外，作为敏捷制造在产品设计和制造过程中的主要手段之一的虚拟原型系统，也是以模型和仿真技术为基础的。

（5）协同技术：并行工程技术。并行工程技术是对产品及相关过程（包括制造过程和支持过程）进行并行、一体化设计的一种系统技术。该技术要求产品设计人员在设计的开始阶段就考虑到产品全生命周期（从概念形成到产品报废）中的所有因素，包括质量、成本、速度、进度及用户要求等。并行工程通过组成多学科的产品开发小组协同工作，利用各种计算机辅助工具等手段，使产品开发的各阶段既有一定的时序又能并行。同时，采用由上下游因素共同决策产品开发各阶段工作的方式，在产品开发的早期就能及时发现问题，从而缩短开发周期，降低成本，提高对市场的响应敏捷度。

（6）过程技术：工作流管理技术。动态联盟是面向具体产品而动态创建的虚拟公司，其组织结构的临时性和动态性，加上产品研制过程的创新性和协同特性，在很大程度上决定了动态联盟的管理将采用或者基于项目管理的方式来进行，能够有效支持企业业务重组、业务过程集成、项目管理和群组协同工作的工作流管理技术，对于实施动态联盟具有重要的支持作用。另外，工作流管理系统还可以作为企业间信息集成的使能工具，基于 Web 和邮件方式的工作流管理系统可以为企业灵活地组建动态联盟与实现信息交换发挥重要作用。

（7）企业集成。企业集成就是开发和推广各种集成方法，在市场多变的环境下运行虚拟的、分布式的敏捷企业。

此外，集成框架技术、集成平台技术、数据库技术、决策支持系统、人机工程、人工智能等也都是支持敏捷制造和动态联盟的重要技术。

8.2.5 敏捷制造的应用实例

敏捷制造之所以能成为 21 世纪的制造模式，它的特点主要在于有成功的例证和切合实际的行为，如表 8-3 所示，此外，它在过程控制工业、半导体工业中都有良好的应用效果。

表 8 – 3 敏捷制造的典型应用

项 目	生产单位	年份	效 果
笔记本电脑	美国 AT&T	1991	从决策到产品展览仅 4 个月，全部元件由国外企业制造，在美国组装
自行车	日本松下国家自行车工业公司	1987	每辆自行车生产时间为 8 ~ 10 个工作日，为大批量生产时间的一半，价格为 1300 美元/辆（原为 2500 ~ 3500 美元/辆）
空气压缩机	美国空气压缩机公司	1988	耗资 12.5 万 ~ 25 万美元/台（原为 50 万美元/台），时间为原来的 1/3 ~ 1/2
匹兹堡万能夹具	通用汽车公司	1991	采用敏捷制造后与原来成本之比为 3：70；时间之比为 1：37；占地面积之比为 1：300。制造方便，可伸缩重用/重构，适用性好

由于经济发展有共同的规律，在我国高新技术的新兴产业群中，也有不少公司应用敏捷制造与动态联盟的基本规律取得了很大的成功，如华为公司、北大方正公司、神龙通信工程公司等。

1. 美国汽车公司（USM）敏捷响应用户需求

基于敏捷响应用户需求这一出发点，美国汽车公司承诺：①每辆 USM 汽车都是按用户要求制造的；②每辆 USM 汽车从订货起三天内交货；③在 USM 汽车的整个寿命周期内，有责任使用户感到满意，而且这种车可以重新改装，使用寿命长。

USM 需要不断地成立产品设计小组来完成销售部门、工程部门或生产现场提出的项目任务，产品设计小组的成员包括生产线上的工人、工程师、销售人员以及供应厂商的代表。在 USM，产品也可由用户根据自己的需要直接设计。潜在的用户可以通过家庭计算机或销售点的计算机，利用 USM 提供的图形软件来设计自己的汽车，这种软件能够产生用户自己构思的汽车的逼真图像和售价，并且能估算出这种汽车在规定的使用条件下的运行费用。如果用户希望订货，这种用户自行设计的汽车的结构可以送入 USM 网络，传送到最近的销售点，在那里，用户可以使用模拟装置对其设计的汽车进行非常接近实际的试验，还可进一步调整汽车的功能，考虑汽车的外观和舒适性，直到自己满意为止，此时就可以办理订货的一切手续。

产品设计一旦被批准，就能立即投入生产，因为 USM 的产品设计与制造工艺设计是同时进行的，而且生产机器与设计数据库是集成在一起的，设计的结果能够立即转换为现实生产所需要的信息。USM 的生产线非常短，因为汽车被设计成模块化部件的组合，使得许多零部件具有相同的可制造性，从而增加了零部件的生产批量以及可进行成组装配的单元。USM 装配所需要的零部件来自内部的加工和组装中心，或者来自厂外的供应厂商。这些供应厂商距离 USM 很近，他们的生产和供货清单与 USM 的生产排序数据库通过计算机网络连接在一起。

在 USM，决策权利是分散的，这使得管理层次很少，即管理体系是扁平的。在这样的管理体系下，管理部门的主要任务是监督与协调工厂的活动，如根据每个产品设计小组的情况分配资源以及与基础结构有关的事宜，与供应商签订合同、设备维护、制订劳动力训练与教育计划以及建筑物保养等。

基于上述敏捷制造管理系统，USM 在接到用户订单的三个工作日内就能交货，而且用户购车后还能根据自己的需要很容易地进行改造，因为 USM 的汽车是模块化部件的组合。这样，与进口汽车和按大批量生产模式生产的国内汽车相比，USM 的汽车具有决定性的竞争优势。

根据以上对 USM 的描述，其所表现出来的敏捷制造企业的特性主要有：①按用户意愿设计汽车；②按订单生产，三天内交货；③具有柔性制造和装配生产线；④汽车采用模块化设计，便于维修和重新改造，从而可在汽车整个寿命期内为用户提供良好的服务；⑤具备柔性重构的能力。

2. 深圳市模具网络化制造示范系统

深圳市模具网络化制造示范系统作为动态联盟应用的一个范例，很好地体现了敏捷制造的思想，也取得了较好的应用效果。它是以深圳市生产力促进中心为盟主，建立起来的面向本地区、中国其他地区和海外等地区模具客户的互联网信息门户网站。盟员单位都通过互联网与中心连接，以实现技术信息、物流信息、商务信息的传输。中心从网上或常规途径获取模具制造委托后，加盟企业一起讨论并确认该模具的技术与功能的满足度、报价、交货期等信息，从而迅速完成对客户的电子报价和合同确认。盟员单位也可各自向市场获取模具订单，并采取自愿组合、优势互补的原则建立临时性的动态联盟。该系统自运行以来，深圳市生产力促进中心在产品三维设计造型、快速原型制造、模具设计与分析等共性技术方面，为加盟企业提供了技术资源的支持。同时，建立了中、小模具制造企业之间的技术协作、资源互补机制，提高了中、小模具制造企业承接高档模具制造任务的能力。此外，通过合理地调度参盟企业的核心制造资源，可为广大模具客户提供价格低、质量高、交货期短的模具制造服务。

8.3　精益生产

8.3.1　精益生产的产生背景

精益生产（Lean Production）是起源于日本丰田汽车公司的一种生产管理方法。第二次世界大战以后，日本汽车工业开始起步，但此时统治世界的生产模式是以美国福特为代表的大量生产方式。这种生产方式以流水线形式生产大批量、少品种的产品，以规模效应带动成本降低，并由此带来价格上的竞争力。与此同时，美国等先进的工业化国家开始尝试推广全面质量管理，并开始在实践中体现出一定的效益。当美国汽车工业处于发展的顶点时，日本的汽车制造商是无法与其在同一生产模式下进行竞争的。丰田汽车公司从成立到1950年的十几年间，其汽车总产量甚至不及福特公司一天的产量。与此同时，日本企业还面临需求不足与技术落后等困难，加上第二次世界大战后日本国内的资金严重不足，很难有大规模的资金投入来保证日本国内的汽车生产达到有竞争力的规模。因此，以丰田的大野耐一等人为代表的"精益生产"的创始者们，在分析大批量生产方式后，根据自身的特点，逐步创立了一种独特的多品种、小批量、高质量和低消耗的生产方式，即精益生产方式。

20世纪70年代之后，由于世界市场开始从大批量、少品种向小批量、多品种转变，大批量生产所具有的弱点日趋明显，与此同时，丰田公司的业绩开始上升，与其他汽车制造企业之间的距离越来越大，精益生产方式开始真正为世人所瞩目。1985年，MIT启动了一项重要的研究计划——国际汽车研究计划（International Motor Vehicle Program，IMVP），整个计划耗资500万美元，历时逾5年，由15个国家的研究人员参加。经过大量的调查和分析，该研究组织于1990年写出了《改变世界的机器》一书。该书系统、深入地分析了造成日本和美国汽车工业之间差距的主要原因，将丰田生产方式定义为精益生产方式，并对其管理思想的特点与内涵进行了详细的描述。正是在这样的背景下，基于大量生产方式的美国汽车工业的竞争力减弱，而基于丰田生产方式的日本汽车工业则脱颖而出。

8.3.2 精益生产的内涵与特征

1. 精益生产的内涵

精益生产"Lean Production"中的"Lean"直译为"瘦",即要去掉一切无用的"肥肉",引申为"从简、完善、周密、高品质"之意。因此,从字面上理解,精益生产就是简化生产的各个环节,使之更完善、更周密,使产品的品质更好的生产模式,对生产过程进行"减肥"。其中心思想就是在工厂的各个环节去掉一切无用的东西,每个员工及其岗位的安排必须保证增值,对不能增值的岗位必须予以撤除。精益生产是制造系统重构设计的典型案例之一。

简而言之,精益生产是以满足市场需求为出发点,以充分发挥人的作用为根本,对企业所拥有的生产资源进行合理配置,使企业适应市场的应变能力不断增强,从而获得最大经济效益的一种生产模式。精益生产包括以下基本思想。

(1)以满足市场需求为出发点。

传统企业的经营观念是以产品为出发点,而精益生产要求企业的一切活动均以适应市场变化、满足用户需求为出发点,用户需要什么就生产什么,用户需要多少就生产多少,并从价格、质量、交货速度、售后服务等各个方面满足用户的需求。

(2)以"简化"为主要手段,消除一切浪费。

"简化"是实现精益生产的基本手段,具体做法如下。

① 精简组织机构。去掉一切不增值的岗位和人员。

② 简化产品开发过程。强调并行设计,并成立高效率的产品开发小组。

③ 简化零部件的制造过程。采用"准(及)时制(Just In Time,JIT)"生产方式,尽量减少库存。

④ 协调总装厂与协作厂的关系,避免相互之间的利益冲突。

(3)以"人"为中心。

这里所说的"人",包括整个制造系统所涉及的所有人,如本企业各层次的工作人员以及协作单位的员工、销售商和用户等。由于人是制造系统的重要组成部分,是一切活动的主体,因此,LP强调以人为中心,认为人是生产中最宝贵的资源,是解决问题的根本动力。为了充分发挥人的作用,LP的具体做法如下。

① 将人视为比机器更为重要的财富。对员工进行持续不断的培训和教育，扩大其知识面，培养其独立解决问题的能力，使员工的积极性和创造性得以充分发挥。

② 推行独立自主的小组化工作方式。创造高效率的小组工作条件，充分发挥人的主观能动性、集体责任感与协作精神。

③ 原则上工人是终身雇用的。工人的工资按资历分级，奖金与公司盈利挂钩，从而增强工人的主人翁责任感和工作的主动性。

④ 要求工人是多面手，从而提高了工作任务安排的灵活性，避免了单调枯燥的重复工作，提高了工作的创造性。

（4）以"尽善尽美"为目标。

精益生产系统最终追求的目标是"尽善尽美"，在降低成本、减少库存、提高产品质量等方面持续不断地努力。当然，"尽善尽美"的理想目标是难以达到的，但是企业可以在对"尽善尽美"的无止境的追求中源源不断地获取效益。

2. 精益生产的特征

与传统的大批量生产方式相比，精益生产的特征如表 8-4 所示。

8.3.3 精益生产系统的实施过程及主要措施

精益生产方式的目的是最大限度地消除浪费。精益生产理论认为，"浪费"一般分为以下七种：过量生产、库存、等待、材料的移动、产品的缺陷、操作者的移动、不必要的过程。除此之外，还有人力资源的浪费、能源的浪费等。实施精益生产就是通过采用精益技术工具对企业的所有过程进行改进，从而达到提高企业适应市场的能力及在质量、价格和服务方面的竞争力的目的。总的来说，精益生产的改进过程分为以下四个阶段。

（1）采用价值流图分析技术、过程分析等方法，明确当前过程中所存在的浪费。

（2）采用精益技术，改进和消除已发现的各种浪费。

（3）对改进的效果进行评估。

（4）对行之有效的方法进行总结，使之规范化，并纳入公司管理系统中。

表 8 - 4　传统生产系统与精益生产系统的特征

项目	传统生产系统	精益生产系统
优化范围	强调市场导向，优化资源配置，每个企业以财务关系为界限，优化自身的内部管理。而相关企业，无论是供应商还是经销商，则以对手相对待	以产品生产工序为线索，组织密切相关的供应链，一方面降低企业协作中的交易成本，另一方面保证稳定需求与及时供应，以整个供应链为优化目标
库存策略	强调一种风险管理，即面对生产中的不确定因素（主要包括设备与供应的不确定因素），适当的库存是可以缓解各生产环节之间的矛盾、避免风险和保证生产连续进行的必要条件	将生产中的一切库存视为"浪费"，出发点是整个生产系统，而不是简单地将"风险"看作外界的必然条件，并认为库存掩盖了生产系统中的缺陷。它一方面强调供应对生产的保证，另一方面强调对零件库存的要求，从而不断暴露生产中基本环节的矛盾并加以改进，不断减少库存以消灭库存产生的"浪费"
业务控制	用人制度基于双方的"雇用"关系，业务管理中强调达到个人工作高效的分工原则，并以严格的业务稽核来促进和保证，同时稽核工作还防止个人工作对企业产生负效应	在专业分工时强调相互协作及业务流程的精简（包括不必要的核实工作）——消灭业务中的"浪费"
质量控制	将一定量的次品看成生产中的必然结果。因为通常在保证生产连续的基础上，通过对检验成本与质量次品所造成的浪费之间的权衡，来优化质量检测控制点	基于组织的分权与人的协作观点，认为让生产者自身保证产品质量是可行的，且不牺牲生产的连续性。通过消除产生质量问题的生产环节来"消除一切次品所带来的浪费"
组织策略	强调管理中的严格层次关系。对员工的要求在于严格完成上级下达的任务，人被看作附属于岗位的"设备"	强调个人对生产过程的干预，尽量发挥人的能动性，同时强调协调，对员工个人的评价也是基于长期的表现，这种方法更多地将员工视为企业团体的成员，而非机器

精益生产的改进过程如图 8 - 4 所示。

精益生产系统采取的主要措施如下。

（1）以顾客为"上帝"。

精益生产真正贯彻以顾客为"上帝"的宗旨，具体做法如下。

① 通过详细周密的市场调查使产品面向顾客，并与顾客保持密切联系。

② 将顾客需求作为产品开发的主要决定因素，甚至将顾客引入产品开发过程。

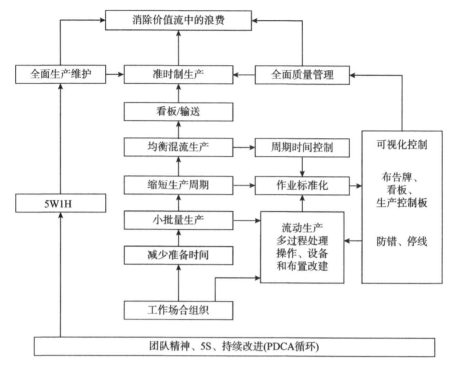

5W1H：What，Why，Where，When，Who，How

5S：清理，整理，清洁，维持，素养　PDCA：Plan，Do，Check，Acition

图8-4　精益生产的改进过程

③ 从价格、质量、交货速度、售后服务等各方面满足顾客的需求。

（2）精益的组织方式。

① 在组织机构方面实行精简化，去掉一切多余的环节和人员。

② 从纵向上减少层次，横向上打破部门壁垒，从递阶式管理结构转化为扁平的网状管理结构，并提出团队工作法。团队工作法的主要思想如下：

● 每位员工在工作中不仅要执行上级的命令，更重要的是积极地参与，起到决策与辅助决策的作用。

● 组织团队的原则并不完全按行政组织来划分，而主要根据业务的关系来划分。

● 团队成员强调一专多能，要求熟悉团队内其他工作人员的工作，保证工作协调、顺利地进行。

● 团队人员工作业绩的评定受团队内部评价的影响。

● 团队工作的基本氛围是信任，以一种长期的监督控制为主，而避免对每一步工作进行稽核，以提高工作效率。

● 团队的组织是变动的，针对不同的事物，建立不同的团队，同一个人可能属于不同的团队。

（3）精益的设计方式。

① 设计开发。LP 强调采用小组化的工作方式来进行产品的设计开发。这些小组成员来自公司各职能部门，各自发挥其特长，集体合作完成某一开发项目的任务。

② 信息交流。采用并行设计的手段，强调设计环节和制造环节的信息交流，减少设计和制造的返工，缩短产品的制造周期，提高产品的质量。

（4）精益的协作方式。

在大批量生产方式中，总装厂和协作厂之间是一种松散的配合关系，经常存在突出的利益矛盾，从而导致了各种各样的问题。精益生产在这一方面得到了很大的改善，具体做法如下。

① 协作厂的选定。根据长期的合作关系及其一贯的表现选定协作厂，而不是靠投标的方式。总装厂和协作厂之间是一种比较稳定的、利益上休戚相关的关系。

② 利益的分配。在利益分配方面，总装厂和协作厂共同讨论，在照顾到各方面都能取得合理利润的情况下，确定各部分所能分到的成本价格，然后总装厂和协作厂在各自所分得目标价格的前提下，应用价值工程方法进行成本分析，努力降低成本。如果某协作厂成本降低得多，可以得到更多的利润，总装厂并不会因此而改变其目标价格，如果成本降低的成果是总装厂和协作厂共同努力的结果，则两者分享这部分额外利润。这样两者之间就达成了一种稳定团结、共同奋斗、争取营利的关系。

③ 交货的方式。在交货方式上，采取 JIT 的方式，协作厂将协作件直接、及时地送到总装线上，从而力求"零库存"的目标。

④ 交流最新观念和技术。由于总装厂和协作厂之间是相互依存的关系，协作厂通过"协作厂协会"的组织相互坦诚地交流最新的观念和技术，通过不断努力与总装厂共同提高生产水平。

（5）"准（及）时制"（JIT）的生产管理方式。

LP 的生产组织形式采用"拉动（pull）"的方式进行组织，而不是传统的

"推动（push）"方式。后工序只在必要的时候到前工序提取必要的物品，而前工序也只生产要被取走的物品。同样，车间与车间之间、供应商与生产厂之间、总装厂与协作厂之间都采取这种生产管理方式。这就是所谓的"准（及）时制"生产方式。JIT 要求从原材料供应，到协作厂配套零部件供应，再到各个车间以及各个工序之间提供半成品，都需要不早不晚，在准确的时间、准确的地点，提供数量准确和高质量的物品给准确的人。基于这样的原则，重新进行整个车间的布局和设备布置，使零部件生产和装配都能以最短的路径和最高的效率实现。JIT 有效地减少了各种库存，减少了物料和能源的浪费，提高了生产效率。

JIT 生产组织方式的特点如下：

① 以最终用户的需求为生产起点。

② 强调物流平衡，追求零库存，要求上一道工序加工完的零件可以立即进入下一道工序。

③ 依靠看板组织生产，即由看板传递下道工序对上道工序的需求信息（看板的形式不限，关键在于能够传递信息）。

④ 生产中的节拍可由人工干预、控制，但重在保证生产中的物流平衡（对于每一道工序来说，即为保证对下道工序供应的准时化）。

⑤ 由于采用拉动式生产，生产中的计划与调度实质上是由各个生产单元自己完成的，在形式上不采用集中计划，但操作过程中生产单元之间的协调则极为必要。

（6）全面质量管理。

全面质量管理（TQM）是精益生产系统保证质量的主要手段，其主要思想如下：

① 强调质量是生产出来的而非检验出来的，由生产中的质量管理来保证最终质量。

② 生产过程中对质量的检验与控制在每一道工序都在进行。重在培养每一位员工的质量意识，在每一道工序进行时都要注意质量的检测与控制，保证及时发现质量问题。

③ 如果在生产过程中发现质量问题，可以根据情况立即停止生产，直至解决问题，从而保证不出现对不合格品的无效加工。

④ 对于出现的质量问题，一般是组织相关的技术与生产人员作为一个小

组，相互协作，尽快解决问题。

8.3.4　精益生产在国内外航空工业中的应用

1. 国外航空工业推广应用精益生产（制造）

（1）美国政府和军方直接参与。

美国国防部以减少武器装备的采购费用为目标，直接干预生产企业采用新的管理思想和管理软件，促使航空和武器供应商降低成本和缩短交付时间。1993—1994 年，美国国防部启动了一系列改进采办过程的计划，如国防采办指导计划（Defense Acquisition Pilot Programs，DAPP）、美国空军的精益飞机研制计划（Lean Aircraft Initiative，LAI）、美国海军的"最佳制造实践（Best Manufacturing Practices，BMP）"计划等。

其中，1993 年美国国防部的国防科学委员会出台了防备制造企业战备的报告《*Defence Manufacturing Enterprise Strategy*》，建议美国所有的军工企业都推行精益制造。同年，美国空军推出精益飞机研制计划，在整个军事航空制造行业中大力推行精益制造原则。

（2）美国的"精益飞机研制计划"。

精益飞机研制计划是美国政府干预企业管理技术研究的重要例证。LAI 于1993 年由美国空军提出，常设机构在麻省理工学院，由美国国防部各军种组织机构、几乎所有航空和武器生产商以及相关劳工组织参加。LAI 的目标是开发一种指导企业实施精益制造原则的框架，为企业提供改进研制和生产管理的原理、方法，共享经验和知识，帮助美国的航空企业在缩减军费和国际竞争中增强实力，保持美国航空工业的世界领先地位。

LAI 的研究成果"精益企业模型（Lean Enterprise Model，LEM）"正在美国航空工业中推广应用，其显著地降低了航空生产成本，缩短了产品开发和生产周期，改进了质量，减少了浪费。通过共同承担改进义务，进行知识共享和实施，美国航空工业的水平得到提高。这个计划被认为是未来 30 年内，增强美国军事实力的革命性的重大行动计划。

（3）精益制造是发挥信息技术潜能的平台。

国外航空企业的实践中，在五大精益原则的基础上，凡是能够节省时间、降低成本的信息技术和其他新技术都被纳入精益制造的范畴。信息技术有了精益制造的依托，解决了企业的信息技术投入没有明确的目标和缺少效益评定的问题。精益制造也需要先进的信息技术来实现消灭浪费的具体目标，因此精益制造必须是在信息技术支持下的原则和理念。例如，波音公司的 JSF 项目采用的是"异地设计制造"方式，即在装配过程中利用录像和数字摄影将零件与系统的图像实况转播和视频交互传送给各有关部门，仅旅差费就减少了 400 万美元。通过实体造型、虚拟装配、制造模拟等，X－32A 飞机的返工率比 YF－22 飞机减少了 80%，成本降低了 40% 以上。

2. 国外航空工业实施精益生产（制造）的受益

（1）波音商用飞机生产。

波音在 1990 年派管理人员到日本学习，并进行了超过 10 万人次的大规模培训，于 1994 年进行精益制造的试点。1995 年，波音聘请日本丰田生产模式的奠基人做指导。1998 年，精益制造方式在波音全面铺开，推广到它的每一个生产基地和航天、通信、军用飞机及导弹系统的生产中。截至 1999 年年底，波音公布的成就如下：

① 商用飞机生产实行"直送工位交付（point－of－use delivery）"方式，使生产线流畅而连续地运行。直送工位交付是指上游工位将下游需要的零部件按恰好的时间、恰好的数量直接交付至使用的生产线，这样做可以使库存减少，在各部件厂，自 1991 年 1 月以来，减少了超过 10 亿美元的库存。

② 在车间生产机舱的斯波坎（Spokane）工厂实行精益制造后，减少了 60% 的制造时间和 50% 的生产用地面积。

③ 缩短了波音 777 飞机机体最终对接的流程时间，并与波音 747 共用装配厂房，避免了重建第二条生产线，节约了数百万美元。

④ 生产机翼的华盛顿弗雷德里克森（Frederickson）工厂，制造翼梁的流程从 9.5 天减至 5 天，库存削减了 50%，生产蒙皮的流程从 11 天减少至 7 天，库存削减了 43%。

⑤ 生产机械构件的奥本（Auburn）工厂，1999 年库存减少了 60%，库存周转率从 4.0 增加到 6.4，返修减少了 48%。

⑥ 通过实行可视控制，简化计划下达流程，减少了标准紧固件的储备数量，华盛顿埃弗雷特（Everett）机翼责任中心在 1999 年一年就节省了 300 万美元。

精益理念已经成为波音公司文化的一部分。

（2）波音导弹生产。

波音的另一项制造计划是原来属于麦道公司的军用飞机和武器部的集成制造飞行器控制系统（Integrated Manufacturing Aerocraft Control System，IMACS）。IMACS 于 1994 年开始建设，选用 WDS 公司的 ERP 软件作为技术支撑，并实行精益制造。当时正值美国空军精益飞机研制计划推出之时，IMACS 将精益制造的关键原则作为实施的指导，在生产过程中开展减少周期时间、连续流、消灭浪费、减少调整时间和看板管理等精益措施。1997 年 3 月，在美国军方的支持下，IMACS 投入运行，控制联合制导攻击武器（Joint Direct Attack Munitions，JDAM）的制造。JDAM 是一种全球卫星定位/制导的灵巧炸弹，将完全替代常规炸弹，军方订货量极大。实行精益制造将 JDAM 的生产成本降低了 55%，交付期提前了 35%，节省了 50 亿美元的军费支出，使军方大大受益。因而，这项工程被美国国防部认证为军需改革和精益制造的样板工程。JDAM 项目办公室获得美国空军军需司令部 1999 年度的军需项目管理最高奖。

（3）精益制造在波音的新机研制中起到关键作用。

美国用于 21 世纪的下一代主战飞机 JSF 本身就是一个"精益"的产物。多用途的 JSF 准备替代老式的 F–16、A–6、A–10、AV–8B、F/A–18E/F 等多个机型。此举将使美国各军种节省难以估算的采购、维修、备件、训练、战时支持等费用。美国国防部对于 JSF 除了要求强大、通用、生存力强，最重要的是有极苛刻的低成本限制。全世界的飞机制造厂商都在精益化自己的生产环境，参与 JSF 生产权的竞争。波音 X–32 是 JSF 的原理认证机。在 X–32 的设计和生产过程中，应用精益制造获得了非常好的成本效率。

① 在 JSF 的设计中，普通、短距和垂直、舰载三种变型之间的共用件达到 80% 以上，不仅节省了设计费用，还准备在一条装配线上进行组装，大大节省了投产和生产运行的费用。

② X–32 的设计和制造周期仅仅是通常开发时间的一半。

③ X–32 整架飞机比计划提前 1.5 个月完成，从主要的装配开始到结构试验的整个过程只用了 368 天。而装配使用的人力比计划减少了 50%，是过去同类机型用工的一半，装配成本比 YF–22 减少了 75%。

④ X–32A 前机身设计周期和成本减少了一半。装配工作比计划提前 1 个月开始，而 X–32B 的前机身装配则比计划进度提前 2 个月开始。

⑤ 通过实体造型、虚拟装配、制造模拟等，基本上消除了装配过程中零件

间的干涉现象。X-32A 的返工率比 YF-22 降低了 80%，成本降低了 40% 以上。

⑥ X-32 的装配工程更改达到了平均每张图纸仅有 1.5 个更改的水平。

⑦ X-32A 装配期间，实现了每 1000 个零件中故障少于 3 个的目标。

⑧ 90% 的外购和外包部件与系统按时或提前到达。

（4）洛克希德·马丁的精益制造。

洛克希德·马丁（Lockeed Martin）是世界上最大的军火供应商之一，它于 1997 年开始实施以提高生产率、消灭浪费和降低成本核算为目的的"最佳实践计划 LM21"，推行精益生产。在生产 F-16 的工厂采用"可视定单系统"和"拉式"计划管理，车间按成组技术"工作单元"进行重构，设备按完成同类对象的整个加工或装配的机床组布置，现场指挥采用并行协同工作，处理问题的响应时间减少了 50%。"可视定单系统"由需要补充进料的工作单元发布物料需求看板，给供货的上游工作单元开工以视觉提示。1998 年，洛克希德·马丁在 200 个分散的生产场地（约 2500 名员工）实行"5S"，取得了很好的成绩。

① 自 1993 年起，库存从 6.9 亿美元减至 3000 万美元，下降了 95% 以上。

② 从 1993 年起，F-16 的提前期减少了 46%。

③ 自 1993 年起，F-16 的成本降低了 38%。

④ 86 个月以来，F-16 都是 100% 地按时交付。

⑤ 机翼外挂梁的装配周期由 166 天缩短至 15 天。

⑥ F-22 尾翼的工艺流程原来从各个分散的站点传递到与机身对接大约需要历经 10km，实施精益生产以后，这一距离减少到 100m。

为此，洛克希德·马丁于 2000 年获得了美国以日本学者真吾（Shingo）命名的优秀制造奖，在美国，该奖项与波多里奇国家质量奖和日本爱德华·戴明质量奖一起被称为"优秀企业王冠上的三颗宝石"，同时，公司赢得了 2000 亿美元的下一代 JSF 战机的生产合同。

JSF 是洛克希德·马丁与波音在竞争中，综合了多家世界知名航空公司专家的经验，在 F-16 的精益制造系统的基础上进行研制和生产的。洛克希德·马丁几乎是使用生产 F-16 相同的机床、同样的工厂、同样的工人和精益制造管理方式来生产 JSF。与当前一代的战斗机相比，洛克希德·马丁的 JSF 在制造与生产中实现了如下目标：①减少 90% 的工装；②减少 66% 的生产时间；③制造成本减少 50% 以上；④需要的零件数减少 50% 以上；⑤需要的紧固件减少 50% 以上。

（5）英国精益航空发展计划。

英国航空工业曾经具有很强的实力，但在 20 世纪 90 年代开始逐渐衰落，为了维系英国航空工业的地位，英国宇航企业协会（SBAC）在华威大学、巴斯大学、克兰菲尔德大学和诺丁汉大学等的支持下于 1998 年 4 月开展"英国精益航空发展计划（UK Lean Aerospace Initiative，UKLAI）"，目的是支持成员企业改进生产系统和建立英国航空工业的专家资源库。参加 UKLAI 的有 SBAC 的 50 个成员单位以及英国工程和物理科学研究协会（EPSRC）的 IMI 宇航制造计划（Aerospace Manufacturing Programme）。UKLAI 与美国的 LAI 建立了正式的联系。

（6）阿斯顿·马丁公司走出困境。

英国的阿斯顿·马丁（Aston Martin）公司是一家有着 60 余年生产豪华名牌赛车产品历史的明星企业，但由于生产与财务方面的问题，在 20 世纪 80 年代末到 90 年代初，该公司的经营陷入了困境。为了走出困境，该公司于 1991 年开始改革，针对公司长期存在的问题采取了一系列措施，这些措施的要点是如下。

① 领导方面：承认企业根本的变化必须首先从领导层开始。

② 人的方面：消除管理人员与工作人员之间的壁垒，打开公司雇员参与管理的局面，并培育人际间的信任与合作关系，充分发挥人的作用。

③ 产品开发方面：引入并行工程的概念，成立并行工程产品开发小组，并将质量管理贯穿于整个产品开发过程。

④ 生产方面：承认人是生产一线的主体；通过采用改变车间布置、减少换装时间和生产批量等措施来引入准时化生产，并采用看板控制生产过程和库存，从而消除以前的生产秩序混乱、库存量高等问题。

⑤ 供应方面：减少供应商，实行供应商证书制，实行 JIT 供货。

⑥ 生产能力方面：成立雇员参与的问题解决小组，致力于提高生产率的改进工作。

⑦ 产品质量方面：通过实施过程质量控制来提高产品质量。

该公司按照以上措施认真地进行改进，仅仅用了两年时间，就使公司走出了困境，重新获得了新生。这一实例说明，充分发挥人的作用，消除一切浪费，在企业的各个环节实施精益生产的方法，确实能够提高企业的效益，同时也说明持续不断地改进、追求尽善尽美是实施精益生产获得成功的重要保证。

3. 国内航空工业的精益生产（制造）应用

航空和国防工业的进步不仅仅是企业自己的事，更是整个国家和民族的共同事业。在进行航空工业结构调整的同时，必须转变观念：政府帮助企业采用新的管理技术来降低成本；而企业则必须意识到降低成本不仅是为了使企业增加收益，还有更深刻的社会内涵，降低成本必须与降低售价同步，使航空企业为降低成本而实施管理改进成为供需双方的共同行动。我国的航空企业应将"精益"作为主观的自觉行动，为企业"减肥"，将精益当作企业管理改进的框架和 IT 应用的助推器。

精益思想的若干具体方法如 JIT、5S 等早已为我国企业所熟悉。目前，国内的一些汽车集团，如一汽集团、东风集团等均通过不同的方式在集团内实施精益生产方式；合资企业也在生产管理中引入了很多国外合资伙伴所应用的精益技术，并在生产管理中广泛推行；其他如电信、服务等行业也在通过不同方式实施精益生产。这些企业通过具体实践，在生产管理和生产方式方面积累了大量的成功经验。

例如，隶属于中国航空工业集团公司的陕西华燕航空仪表公司的精密制造中心以"100% 均衡生产准时交付"为目标，以精益理念为指导，利用精益工具，全面分析生产组织现状，梳理生产流程，以系统化思维统筹设计整体方案，整合生产资源，将原有的功能型布局的生产班组进行拆分重组，构建基于多品种、小批量生产，高效、稳定、敏捷的柔性精益加工单元，减少生产管理过程中的浪费，不断缩短生产周期、降低成本、提升整体运营效率。为了减少生产波动，精密制造中心制定了"试点先行、分步推进，由点到面全覆盖"的推进方案，以电机壳盖为试点开展精益单元探索。从"单元方案设计、单元运行与管控、绩效管理、持续改善"四个维度，明确分类、识别、优化、运行具体流程。通过价值流分析，识别瓶颈工序，优化工艺流程，进行生产线平衡。在单元内实施可视化看板管理，对单元运行状况进行实时监控，快速处理异常问题。同时依据单元特点开展多能工培养，开展"一人多机""流水作业"，提升设备效能、人员效能，开展精益培训，培养精益文化氛围，让单元具备持续改进的内驱力。通过精益单元化运行，初步实现了从"管结果"到"管过程"向"管行为"的转变，使电机壳盖精益单元月交付量和准时交付率得到大幅提升。❶

---

❶ 航空工业华燕：抓好精益生产单元建设 高质量推进生产交付［EB/OL］.（2023 – 08 – 15）［2023 – 09 – 16］. https：//www. 163. com/dy/article/IC6H2AIOO5148ALS. html.

8.4　网络化制造系统

8.4.1　网络化制造的产生背景

网络化制造是在网络经济下产生并得到广泛应用的一种先进制造模式,其概念形成和初步应用是在 20 世纪 90 年代中期。与其他先进制造模式的产生和应用背景一样,网络化制造这种先进制造模式的产生也是需求与技术双向驱动的结果。需求是网络化制造模式产生和应用的基础,技术是网络化制造模式使能的条件。对网络化制造模式的需求一方面来自市场竞争的压力,另一方面来自企业提高自身生产经营管理水平的需要。信息技术与网络技术,特别是因特网技术的迅速发展和广泛应用,促进了网络化制造这一先进制造模式的研究和应用。特别是在当前经济全球化、信息和流程网络化的大趋势下,网络化制造技术和系统能够进一步提升企业的核心竞争力。因此,近年来关于网络化制造的研究、开发和应用得到了广泛的重视,发展也非常迅速。

网络化制造技术主要包括总体技术、基础技术、集成技术与应用实施技术。

(1) 总体技术。总体技术主要是指从系统的角度,研究网络化制造系统的结构、组织与运行等方面的技术,包括网络化制造的模式、网络化制造系统的体系结构、网络化制造系统的构建与组织实施方法、网络化制造系统的运行管理、产品全生命周期管理和协同产品商务技术等。

(2) 基础技术。基础技术是指网络化制造中应用的共性与基础性技术,这些技术并非完全是网络化制造所特有的技术,包括网络化制造的基础理论与方法、网络化制造系统的协议与规范技术、网络化制造系统的标准化技术、产品建模和企业建模技术、工作流技术、多代理系统技术、虚拟企业与动态联盟技术、知识管理与知识集成技术等。

(3) 集成技术。集成技术主要是指网络化制造系统设计、开发与实施中需要的系统集成与使能技术,包括设计制造资源库与知识库开发技术、企业应用集成技术、集成平台与集成框架技术、电子商务与 EDI 技术、信息智能搜索技术等。

（4）应用实施技术。应用实施技术是支持网络化制造系统应用的技术，包括资源共享与优化配置技术、区域动态联盟与企业协同技术、资源（设备）封装与接口技术、数据中心与数据管理（安全）技术和网络安全技术等。

8.4.2　网络化制造系统的基本概念和定义

国内外许多专家、学者、企业应用人员在网络化制造方面已经开展了大量的研究和应用实践工作，取得了丰富的成果。其中，我国学者针对网络化制造的相关问题开展了许多具有开创性的研究工作，为进一步深入研究网络化制造的相关理论、方法、工具、系统和应用奠定了良好的基础。

1. 国内外部分网络化制造的相关定义

（1）"基于代理的网络化制造模式"的基本含义（杨叔子等，2000）。面对网络经济时代制造环境的变化，传统的组织结构相对固定、制造资源相对集中、以区域性经济环境为主导、以面向产品为特征的制造模式已与之不相适应，需要建立一种市场驱动的、具有快速响应机制的网络化制造模式，这将是当前乃至今后相当长的时期内制造业所面临的最紧迫的任务之一，是制造企业摆脱困境、赢得市场、掌握竞争主动权的关键。

（2）"分布式网络化制造系统"的基本含义（程涛等，1999）。分布式网络化制造系统是一种由多种、异构、分布式的制造资源，以一定互联方式，利用计算机网络组成的，开放式的、多平台的、相互协作的、能及时灵活地响应客户需求变化的制造系统，是一种面向群体协同工作并支持开放集成性的系统。其基本目标是将现有的各种在地理位置上或逻辑上分布的异构制造系统/企业，通过其代理连接到计算机网络中去，以提高各个制造系统/企业间的信息交流与合作能力，进而实现制造资源的共享，为寻求市场机遇，及时、快速地响应和适应市场需求变化，赢得竞争优势，求得生存与发展。

（3）"分散网络化制造"的概念（张曙，1998）。分散网络化制造的目标是利用不同地区的现有生产资源，把它们迅速组合成一种没有围墙的、超越空间约束的、靠电子手段联系的、统一指挥的经营实体，以便快速推出高质量、低成本的新产品。

（4）"区域性网络制造系统"的概念（刘飞等，2002）。区域性网络制造系统是指在一定区域（如省、市、县）内，采用官产学研的组织模式，在计算机网络（包括因特网和区域局域网）和数据库的支撑下，动态集成区域内的企业、高校、研究院所及其制造资源和科技资源，所形成的一个包括网络化的区域性制造信息系统、区域性制造资源系统、区域性虚拟仓库及其网络化的销售系统、网络化的产品协同开发系统、虚拟供应链及其网络化的供应系统等分系统，以及网络化的区域性技术支持中心及服务中心在内的、开放式的现代集成制造系统。区域性网络制造系统能够充分调动地方政府的积极性，能够通过网络特别是区域宽带网络有效地优化利用区域内的制造资源和科技资源，能够从整体上提高一个区域内企业的市场竞争能力。同时还给出了网络化制造的定义：网络化制造是指基于网络，包括因特网、企业内联网（Intranet）、企业外联网（Extranet）的制造企业的各种制造活动（包括市场运作、产品设计与开发、物料资源组织、生产加工过程、产品运输与销售、售后服务等）及其涉及的制造技术和制造系统。

（5）网络化制造的相关定义（顾新建等，2001）。网络化制造是制造业利用网络技术开展的产品开发和设计、制造、销售、采购、管理等一系列活动的总称。网络化制造系统是基于因特网（包括内联网和外联网）的制造系统模式。网络化制造技术是支持网络化制造的、将网络技术与其他技术融合在一起的技术的总称。网络化制造是指利用计算机网络，灵活而快速地组织社会资源，将分散在各地的生产设备资源、智力资源和技术资源等，按资源优势互补的原则，迅速地整合成一种跨地域的、靠网络联系的统一指挥的制造、运营实体——网络联盟，以实现网络化制造。

（6）基于网络的先进制造技术（NAMT）的相关定义（李健和刘飞，2001）NAMT 是一个不断发展的动态技术群和动态技术系统，是在计算机网络，特别是在因特网/内联网/外联网和数据基础上的所有先进制造技术（AMT）的总称。NAMT 涉及制造业的各种制造经营活动和产品生命周期全过程，因此其技术构成涉及内容多、学科交叉范围广，但一般来说，"基于网络"是它相对于其他制造技术的主要特征。基于网络的先进制造技术与网络化制造技术应该属于同一个概念。

《当前优先发展的高科技产业化重点领域指南（2001 年度）》中指出：网络化制造是按照敏捷制造的思想，采用因特网技术，建立灵活有效、互惠互利的动态企业联盟，有效地实现研究、设计、生产和销售各种资源的重组，从而提高企业的市场快速响应和竞争能力的新模式。它正对传统制造业的生产和经营产生着巨大的影响。

（7）"数字化与网络化"的定义（严隽琪，2000）。数字化和网络化是指以因特网为代表的网络技术，使设计制造各个环节的信息与知识在数字化描述的基础上得到流通与集成，从而使异地的、不同企业的资源可以共享，使以满足全球化市场用户需求为牵引的快速响应制造活动——网络化制造成为可能。

（8）电子化制造（e-manufacturing）的定义。国外研究人员也对网络化制造的相关概念给出了定义，在国外大量文献中（Rockwell，2000；Lee et al.，2001；Lee et al.，2003），与网络化制造相关的提法主要有 networked manufacturing、e-manufacturing、e-factory 等。其中 e-manufacturing 是当前国外研究的热点，从覆盖范围和目标来看，e-manufacturing 可以看成是网络化制造概念的延伸和扩展，而网络化制造可以看成是 e-manufacturing 的一种主要的实现技术和系统。同时还认为，网络化制造是指企业通过网络进行的一系列活动，包括基于网络的快速产品设计与制造、实时 ERP 连接、全面的资产管理以及与整个供应链的无缝连接等。

国内研究人员（范玉顺等，2003）对 e-manufacturing 的定义为：电子化制造是一个转换系统，它使能制造操作，以获得几乎零等待时间的性能，并通过基于 Web 和不受限制的电子信息技术实现与业务系统的协同。它在数据流（机床/过程层）、信息流（工厂与供应链系统层）、资金流（业务系统层）上集成信息与决策。

2. 网络化制造的基本特征和定义

从上述给出的相关定义可以看出，网络化制造的概念具有丰富的内容，并且其内涵还处于不断发展的过程中，从当前的研究成果来看，网络化制造具有以下基本特征。

（1）网络化制造是基于网络技术的先进制造模式，它是在因特网和企业内外网环境下，企业组织和管理其生产经营过程的理论与方法。

（2）覆盖了企业生产经营的所有活动，网络化制造技术可以用来支持开展企业生产经营的所有活动，也可以覆盖产品全生命周期的各个环节。

（3）以快速响应市场为实施的主要目标之一，通过网络化制造提高企业的市场响应速度，进而提高企业的竞争力。

（4）突破地域限制，通过网络突破地理空间上的差距给企业的生产经营和企业间协同造成的障碍。

（5）强调企业间的协作与社会范围内的资源共享，通过企业间的协作和资源共享，提高企业（企业群体）的产品创新能力和制造能力，实现产品设计制造的低成本和高速度。

（6）有多种形态和功能系统，结合不同企业的具体情况和应用需求，网络化制造系统有许多种不同的形态和应用模式，在不同形态和模式下，可以构建形成具有不同功能的多种网络化制造应用系统。

（7）技术内容丰富，网络化制造的研究与应用实施中涉及大量的组织、使能、平台、工具、系统实施和运行管理技术，这些技术的研究和应用既可以深化网络化制造系统的应用，同时又可以促进先进制造和信息技术的理论、方法和工具系统的研究与发展。

在分析了网络化制造基本特征的基础上，下面给出网络化制造、网络化制造系统和网络化制造技术的定义。

（1）网络化制造。网络化制造是企业为了应对知识经济和制造全球化的挑战而实施的，以快速响应市场和提高企业（企业群体）竞争力为主要目标的一种先进制造模式。通过采用先进的制造技术、管理技术、网络技术和其他相关技术，构建面向企业特定需求的基于网络的制造系统，并在系统的支持下，突破空间地域对企业生产经营范围和方式的约束，开展面向产品全生命周期的企业业务活动（如设计、制造、销售、采购和管理等），实现企业间的协同和社会资源的共享与集成，高速度、高质量、低成本地为市场提供所需的产品和服务。

网络化制造定义中所指的网络技术包括因特网、企业内联网和企业外联网技术；企业间协同包括产品设计协同、制造协同、供应链协同和商务协同；社会资源包括制造资源、智力资源和环境资源。作为一种先进制造技术与网络技术结合的先进制造模式，网络化制造为企业指出了在网络环境下，通过企业间协同，集成和利用全社会资源开展企业的生产经营管理活动的指导思想，在这一指导思想下，结合企业具体应用需求，构建特定的基于网络的制造系统，为企业的业务运作提供系统和工具上的支持。因此，网络化制造既包括通用的基础性的网络化制造模式、理论和方法，又包括结合企业具体需求构建的各种形式的网络化制造系统，还包括一批支持网络化制造系统的规划、组织、设计、实施、运行和管理的技术。

（2）网络化制造系统。网络化制造系统是企业在网络化制造模式思想、相关理论和方法的指导下，在网络化制造集成平台和软件工具的支持下，结合企业具体的业务需求，设计实施的基于网络的制造系统。这里所指的制造，是大制造的概念，既包括传统的车间生产制造，也包括企业的其他业务。根据企业的不同需求和应用范围，其设计实施的网络化制造系统可以有不同的形态，每个系统的功能也会有差异，但是它们在本质上都是基于网络的系统，如网络化产品定制系统、网络化产品协同设计系统、网络化协同制造系统、网络化营销系统、网络化资源共享系统、网络化管理系统、网络化供应链管理系统、网络化设备监控系统、网络化售后服务系统、网络化采购系统等。

（3）网络化制造技术。网络化制造技术是支持企业设计、实施、运行和管理，基于网络的制造系统所涉及的所有技术的总称。

8.4.3 网络化制造的内涵与网络化制造系统的特点

1. 网络化制造的内涵

网络化制造是一种先进制造技术与网络技术相结合的先进制造模式，网络化制造也是一个涉及多个领域（包括机械制造、计算机、网络、信息、自动化、电子等）的综合性学科。网络化制造理论是在协同论、系统论、信息论、分形论等相关理论的基础上发展起来的。网络化制造模式体现了分散与集中的统一、自治与协同的统一、混沌与有序的统一。

（1）分散与集中的统一。网络化制造是通过网络将地理位置上分散的企业和各种资源集成在一起，形成一个逻辑上集中、物理上分散的虚拟组织，并通过虚拟组织的运作实现对市场需求的快速响应，提高参与网络化制造的企业群体或产业链的市场竞争能力。另外，参与网络化制造的每个企业都有其特定的市场定位和企业目标，而且各个企业的目标是不同的，因此是分散的，但是在针对一个特定的市场需求时，这些通过网络连接在一起的企业又具有一个共同的目标，即通过网络化制造形成的企业联盟占领市场，并赢得竞争。因此，网络化制造在企业的个体目标和群体目标、企业的物理位置和企业联盟的逻辑上体现了分散与集中的统一。

（2）自治与协同的统一。参与网络化制造的每个企业都可能是一个独立的实体，它们在法律地位上是平等的，每个企业都有自己独立的组织体系和决策机制，都有独立的运作方式和管理方法，在决定自己的行为方式上，每个企业是高度自治的。但是，当这些企业通过网络化制造的方式联系在一起时，它们又必须是协同的，它们需要采用相同的方法来参与协同的联盟经营决策，需要制订一个共同的计划来协调各方的生产周期，需要采用相同的数字化模型来交换信息，需要采用相同的标准和语义来理解同一个术语，甚至需要采用相同的或者相容的软件来共同完成一个产品的设计。参与网络化制造的企业在这些方面表现出高度的协同，而且协同的程度越高，企业间合作的效率就越高，联盟企业的经济效益就越好。因此，网络化制造体现了每个企业个体自治而企业间协同的统一。

（3）混沌与有序的统一。由于每个企业是独立自治的，因此，每个企业的运行模式和运行状态是不同的，所有这些不同的运行状态构成的状态空间整体上呈现一种混沌的状态。但是，当这些企业通过网络化制造构成一个虚拟联盟时，该联盟的运行又呈现有序的状态，并且整个联盟将朝着提高产品质量、缩短产品交货期、降低产品成本的方向进化。因此，通过网络化制造可以实现从混沌向有序的转化，体现了混沌与有序的统一。

网络化制造是在新的知识经济和制造全球化趋势下，企业为了提高其市场响应速度和竞争力而采用的基于网络的制造模式。网络化制造不是简单的制造网络化，它是符合网络经济规律的一种新的制造模式，在这种模式下，企业的运作方式与经营理念都会与传统企业不同。开展网络化制造不仅是技术问题，更重要的是建立符合网络经济（知识经济）规律的企业文化、管理机制和运作模式。因此，可从以下四个方面理解网络化制造系统的内涵。

① 覆盖企业经营生产的所有活动及产品全生命周期，以快速响应市场为主要目标，通过网络化制造提高企业的市场响应速度，进而提高企业的竞争力。

② 通过网络突破地理空间上的差距给企业的市场经营和企业间协同造成的障碍。

③ 强调企业间的协作与社会范围内的资源共享。消除相对固定的组织结构和相对集中的制造资源对企业的影响，通过企业间的协作和资源共享，提高企业（企业群）的产品创新能力和制造能力，实现产品设计制造的低成本和高速度。

④ 结合不同企业的具体情况和应用需求，网络化制造系统可以有多种不

同的形态和应用模式，在不同的形态和模式下，可以构建成具有不同功能的多种网络化制造应用系统。

2. 网络化制造系统的特点

从目前的研究成果来看，网络化制造系统具有以下特点。

（1）敏捷性。网络化制造系统的敏捷特性具有两个含义：第一，通过实施网络化制造，提高企业的产品创新能力，缩短产品开发周期和制造周期，以最快的速度响应市场和客户的需求，进而提高企业对市场的敏捷性；第二，企业设计实施的网络化制造系统本身也应该能够根据应用需求的变化，灵活、快捷地对系统的功能和运行方式进行快速重构。

（2）协同性。网络化制造系统实施应用的主要技术目标是实现协同，这也是网络化制造模式区别于其他先进制造模式的主要特点之一。通过协同的方法和手段来提高企业合作的效率，缩短产品开发周期，降低制造成本，缩短整个供应链的交货周期。按照网络化制造协同支持的协同范围和层次，可以将协同分为企业间协同、供应链协同、产品设计协同、产品制造协同、客户与供应商协同。不同层次的协同有不同的技术内涵和目标，也有各自的实施技术和支持环境。

（3）数字化。由于网络化制造是一种基于网络的制造系统，通过网络传递涉及产品设计、制造、管理、商务、设备、控制等的各种信息，因此，数字化是网络化制造的重要特征，也是实施网络化制造的重要基础。

（4）直接化。通过网络化制造的方式，企业可以直接与用户建立连接，用户也可以直接参与企业的产品设计制造过程，从而减少不必要的中间环节，减少消息传递过程中造成的信息失真和时间上的延误。

（5）远程化。网络化制造在空间上几乎是无限地延伸了企业的业务和运作空间，企业通过利用网络化制造系统，可以对远程的资源和过程进行控制与管理，也可以像面对本地用户那样，方便地与远在千万里之外的客户、合作伙伴、供应商进行协同工作。

（6）高效性。通过网络化制造的方式，企业可以直接与供应商建立连接，从而减少中间环节，降低零部件的采购成本，提高效率。此外，网络化制造协同极大地延伸了企业的业务和运作空间，企业对远程资源和业务的处理可以像对本地用户那样方便和高效。

（7）多样性。结合具体的企业实践，网络化制造系统体现出多种多样的形式。例如，针对具体企业的需求，可以实施如网络化产品定制系统、网络化产品协同设计系统、网络化协同制造系统、网络化营销系统、网络化供应链管理系统和网络化设备监控系统等多种系统；也可以建立旨在提高整个产业链竞争力的区域供应链和网络化物流配送平台，旨在提高区域资源利用率的区域网络化资源共享和协作平台，旨在提高区域设计协同能力和产品创新设计水平的网络化协同设计制造平台，以及提高市场开拓能力的区域电子商务平台等。

8.4.4　网络化制造系统的功能结构和关键技术

如前所述，网络化制造系统的实施根据企业实践的不同具有多样性，因此，网络化制造系统的功能结构也具有多样性。图 8 – 5 从制造系统全局的角度给出了一种网络化制造系统的功能结构。一个较为完整的网络化制造系统包括计算机网络环境和数据库支持系统、企业内部网络化制造系统和企业外部网络化制造系统三个层次。其中，计算机网络环境与数据库支持系统层是整个制造系统网络化运行的支撑环境；企业内部网络化制造系统是实现网络化制造信息化和网络化的基础；企业外部网络化制造系统支持企业间协同和资源共享的实现。

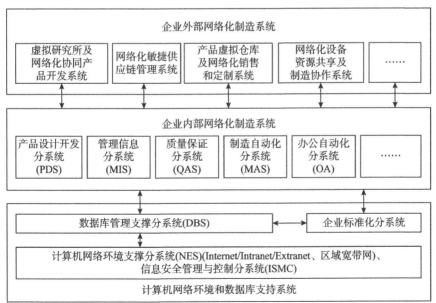

图 8 – 5　一种网络化制造系统的功能结构

根据上述功能结构，可以得到网络化制造系统所涉及的技术体系，如图 8 - 6 所示。其中属于研究重点的关键技术有以下三种。

应用技术层	企业内部信息化技术 ·CAD/CAE/CAPP/CAM/PDM ·ERP/OA/CRM/SOM ·NC/DNC/FMC/JMS ······	网络化协同产品开发技术 ·网络化协同设计 ·网络化协同工程分析 ·网络化协同工艺规划 ·网络化产品数据管理 ·网络化产品开发过程集成 ······	网络化供应链管理技术 ·网络化供应商管理 ·网络化供应计划管理 ·网络化分销商管理 ·网络化客户关系管理 ·网络化供应链运作管理	网络化协同制造技术 ·网络化设备资源共享 ·网络化加工制造 ·虚拟制造技术 ·网络化设备监控
基础技术层	NMS 基础理论 · NMS 体系结构 · NMS 运行模式	NMS 建模技术 · NMS 组织技术	NMS 设计方法	NMS 开发方法 · NMS 评价技术
支撑技术层	网络与数据库技术	网络化制造标准化技术 · 企业应用集成技术	知识管理技术	电子商务技术

图 8 - 6 网络化制造的技术体系

1. 网络化协同设计技术

从系统化的观点出发，网络化协同产品设计是通过网络接收用户需求、组织多个协同产品开发团队、运用领域知识协同决策、输出产品数据的综合过程。网络化协同设计的前提是实现集成的单元子产品模型系列化、标准化、模块化、客户化，可以将它封装在网络上提供服务。首先，设计发起方可以快速在网上查询所需的子产品的功能、型号、性能等概要因素，并从多家供应商中选定协同设计联盟伙伴；其次，对选定的对象通过网络进行快速有效的查询、远程访问和调用，包括被调用的产品在开发过程中的全部产品数据、决策依据、计算模块、评估模块；再次，建立协同设计集成过程，监控自身的开发过程与设计伙伴之间明晰的内外交互协作开发过程；最后，实现设计产品的整体优化、冲突协调和协同决策。

例如，由 APARSISTO 资助的斯坦福大学 CDR、EIT 及 SIMA 合作开发的 SHARE 项目，支持设计人员或设计小组通过计算机网络进行组织和交流设计信息，以此建立对设计和开发过程的共享理解。此外，很多商业性研究机构也致力于研究和开发网络化产品设计软件产品。但是，在网络化协同设计技术中，设计人员之间的知识与信息共享、协同过程管理及网络化的产品数据管理等问题还有待进一步深入研究。

2. 网络化协同制造技术

通过基于网络的协同制造和制造企业之间的技术协作、资源互补的机制，能够大幅度提高制造设备的利用率，缩短制造周期，提高制造企业承接高档制造任务的能力。此外，通过合理地调度协作企业的核心制造资源，可为广大用户提供价格低、质量高、交货期短的制造服务。

例如，美国伊利诺伊大学厄巴纳–香槟分校（UIUC）的机床敏捷制造研究所以虚拟组织的形式，将 9 所大学和 20 多家企业联合在一起，不同的学校负责不同的关键技术攻关，企业提供相关的制造工艺信息并共享研究成果，所有学校和企业通过互联网连接在一起。在该项目中，内布拉斯加大学负责将车削的工艺数据提供到网上，UIUC 负责将铣削的数据和工具提供到网上，宾夕法尼亚大学负责夹具设计工具，而伯克利大学则提供有关去毛刺方面的数据，上述数据和分析工具组成了一个基于网络的机械加工工艺数据库和工具库。对一个具体的用户来说，当需要加工零件时，只要输入相关参数（工件材料等），系统就能给出推荐的切削用量、刀具类型和机床功率等信息。

3. 网络化供应链管理技术

在网络化制造环境下，供应链管理延伸和发展成为面向全球的网络化供应链管理，所管理的资源从企业的内部扩展到企业的外部。网络化供应链管理是在传统的供应链管理中应用网络技术，使供销环节实现信息化和自动化。传统供应链管理的设计是从主生产厂家拓宽管理功能的角度来考虑的，由于技术的限制，难以满足供应商、销售商和客户的一些需求（如信息查询和集成等），难以对环境的变化做出迅速的反应。网络化的供应链设计充分考虑了供应链的动态特性，考虑了双赢和互动，考虑了供应链各环节信息系统间的集成等因素。网络化供应链管理对网络化制造系统的具体作用如下。

（1）信息化和自动化业务流程的处理。通过信息化和自动化业务流程的处理，可以减少供应链的环节，使整个供应链的运作更加高效。

（2）网上信息的作用。生产厂商可以根据网上详细的客户需求信息，快速调整产品品种结构和生产进度，较为准确地预测未来市场的发展趋势；同时，零售商从手工的商品管理中解脱出来，可以专注于如何为客户提供更好的服务。例如，美国的宝洁和沃尔玛公司合并了分销系统与仓储系统，宝洁公司可以随时掌握各地区的销售情况，合理安排生产，自动为沃尔玛公司补货；而沃尔玛公司则免除了为进货而投入的费用。

（3）对市场的准确把握。由于对市场的准确把握，市场厂商可以按照小批量、多品种的方式组织生产。

（4）信息反馈速度加快。由于减少了产品销售的中间环节，信息反馈的速度加快，信息采集、整理和传输成本降低，库存减少，因而商品流通成本降低。

（5）使建立供应链成为可能。网络化供应链管理使得广大中、小企业发展和组建供应链成为可能。

图 8－7 所示为德国 SAP 公司开发的供应链管理系统的主要功能。

供应链计划	供应链设计	需求计划	供应计划	分销计划	生产计划	运输计划

供应链运作	采购	制造	订单处理	库存管理	运输	对外法律和商务服务	执行

供应链运作协调	供应链运作管理	供应链性能管理

供应链运作网络	供应链门户	协作服务	供应链集成

图 8－7　德国 SAP 公司供应链管理系统的主要功能

目前，网络化供应链管理中的供应链规划、供应链运作协调以及供应链评价等问题，还有待进一步解决。

8.4.5　网络化制造的应用实例

网络化制造的典型实例有 TEAM 项目和 MTAMRI 项目。

1. TEAM 项目

敏捷制造使能技术（Technologie Enabling Agile Manufacturing，TEAM）的目标是通过开发运行于分布式企业之上的、集成的、有效的、从设计到制造的工具和工艺集，以提高产品开发效率、降低成本、减少上市时间和提高产品质量。TEAM 项目由从美国工业界、美国能源部（DOE）和美国国家标准技术研究（NIST）等国家机关到高等院校的 40 多个合作伙伴组成。其感兴趣的技术范围包括从捕获客户的需求与愿望到生产出最后的产品，而这些都是建立在并行的、分布式的环境之上的。

TEAM 建立了产品实现模型和工作流模型，这些模型描述了在敏捷环境下，一个虚拟的、分布式的企业信息的相互作用过程。

TEAM 需要一个分布的敏捷环境来支持如图 8 - 8 所示的 TEAM 产品实现模型。该过程由客户的需求驱动，以产品和服务的解决为结果。

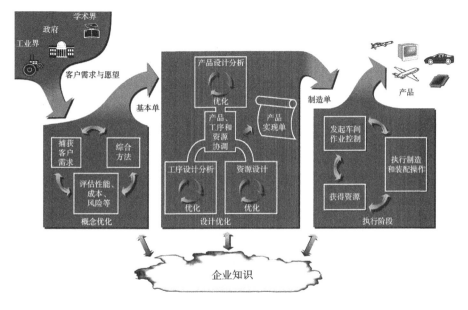

图 8 - 8　TEAM 产品实现模型

在 TEAM 产品实现模型中，概念优化（concept optimization）是第一个阶段。它捕获客户的需要和愿望，使它们成为需求，并把这些需求转换成基本单（baseline script）中优化后的概念文档。在概念优化阶段，决定生产什么、成本是多少、什么时候能交货等问题。在概念优化阶段完成后，还有许多的工作要做，以产生各种制造信息。在对产品和过程进行优化设计时，详细的分析是必要的。在设计优化（design optimization）阶段，低级的、粗糙的基本单被转换成为高级的、详细的制造单（manufacturing script）。该优化过程并行地管理着三个反复迭代的设计优化环境：产品、制造过程和企业资源。执行阶段

（execution phase）是使用制造单来加工出实际的产品。

为了达到上面产品实现模型所描述的目标，TEAM 项目在五个前沿领域展开了研究。

（1）产品设计与企业协同（Product Design and Enterprise Concurrency，PDEC）。开发各种工具，使产品设计者在概念设计阶段能并行地优化产品价格、交货的时间和产品的性能。

（2）制造规划与控制（Manufacturing Planning and Control，MPC）。其任务是开发一个集成的宏观规划（企业层的高能规划）和微观规划（详细的信息生产系统）环境，该集成环境定义了支持制造运行中所需要的制造路线、详细工艺规划和制造信息。

（3）虚拟制造（Virtual Manufacturing，VM）。其任务是达到"在计算机制造"目标，该目标是通过能力不断增强的建模和仿真来达到的。

（4）智能闭环加工（Intelligent Closed – Loop Processing，ICLP）。通过先进的控制和计算机技术来提高车间层的制造加工能力。

（5）企业集成（Enterprise Integration，EI）。其任务是开发一些集成方法来支持在敏捷环境下对虚拟分布式企业的操作，并且把这些方法应用到 TEAM 项目的原型演示系统中。

同时，TEAM 选择了三个应用工业作为项目的验证：切削加工、冲压加工和机电装配。

2. MTAMRI 研究项目

UIUC 的机床敏捷制造研究所（MTAMRI）项目是由美国国家科学基金会（NSF）和美国国防部高级研究计划署（ARPA）资助的，它的目的是对先进的机床和制造技术进行研究、开发并实现商业化。其以虚拟组织的形式将 9 所大学和 20 多家公司连接在一起，不同的学校负责不同的关键制造技术，公司将提供相关的制造工艺信息并共享研究信息成果，所有学校和公司通过因特网连接在一起。MTAMRI 项目在以下六个领域展开研究。

（1）车削过程建模。该分项目由伊利诺伊大学、普渡大学和西北大学等合作进行研究。相关研究涉及切削力、表面变形误差性能预测、切屑控制、刀具磨损、建立切削力数据库等。其中普渡大学负责机床动态模型，伊利诺伊大学负责工具 – 夹具动态模型，西北大学负责表面粗糙度模型，伯克利大学负责去毛刺模型研究。最后这些数据和测试模型在因特网上被集成起来组成一个网上机械加工工艺数据库和工具库。

（2）敏捷夹具。该分项目由伊利诺伊大学、宾夕法尼亚州立大学和密歇根大学合作进行研究。宾夕法尼亚州立大学主要负责夹具设计和分析软件以及加工中夹紧力的优化；伊利诺伊大学主要负责三维铣削力的模型研究；密歇根大学和伊利诺伊大学合作开发有关加工表面的尺寸误差、变形误差、表面粗糙度等的模型。

（3）混合加工系统。该分项目的目标是发展"敏捷的"机床，它能够对不同的材料（如耐热合金、新型陶瓷）进行各种条件的磨削（如粗磨、精磨或珩磨）。

（4）有环境意识的机床系统。该分项目是为了适应用户对"绿色"产品的不断加强的意识，使得在制造过程中尽可能少地产生废弃物和污染物，更多地关注如何合理使用润滑油和切削液、对废弃物的处理等。其目标为开发标准生命周期分析（Life Cycle Analysis，LCA）程序和相关软件，开发有环境意识的设计工具和方法。

（5）钻削技术。对相关钻削技术进行研究，如评价钻削中的静态和动态性能、估算钻削力和钻削温度等。

（6）虚拟机床。该项目主要侧重两个方面的研究：①开发名为虚拟机床软件测试床的综合软件环境，用来对在一定加工条件下得到的不同参数的机床进行仿真；②为减少加工操作中的误差和振动而探索新的先进技术和控制方法，以提高机床的性能。

TEAM 和 MTAMRI 等项目强调的是网络环境下在计算机上实现网上虚拟制造的研究，重点是在计算机上构建各种制造模型和测试机床，如车削过程建模、钻削模型等，这些模型可以被网络环境下的其他客户端所调用，且模型之间的连接是松散的，并没有太多地考虑在大网络环境下如何对各种制造资源进行优化规划与配置。实际上，大网络环境下的制造与制造资源密切相关，有限的制造资源面对更为复杂的大环境，资源的竞争将变得更加激烈；另外，各种制造资源常常是不稳定的，某种资源可能会暂时失效。由于在网络环境下企业间制造资源的竞争性和不稳定性将表现得更加明显，因此对分布式网络环境下企业间敏捷的合作机制进行研究，以便更有效地利用各种制造资源将非常重要。

8.5 云制造

8.5.1 云制造的概念

云制造是在制造业应用持续被需求牵引以及新兴信息技术与制造技术深度融合的推动下，提出的一种新的制造业信息化模式与技术手段。

1. 云制造的定义

云制造是一种基于网络的、面向服务的智慧化制造新模式和新手段，它融合发展了现有信息化制造（信息化设计、生产、实验、仿真、管理、集成）技术与云计算、物联网、服务计算、智能科学、高效能计算等新兴信息技术，将各类制造资源和制造能力虚拟化、服务化，构成制造资源和制造能力的云服务池，并进行统一的、集中的优化管理和经营，从而使用户可以通过云端随时随地按需获取制造资源与能力服务，进而智慧地完成其制造全生命周期的各类活动。

基于云制造模式和手段所构成的系统称为云制造系统或制造云，它是一种基于各类网络（组合）的、人/机/物/环境/信息深度融合的、提供制造资源与能力服务的智慧化制造物联网。云制造服务平台是云制造系统中支持各类制造资源和能力的感知与接入，虚拟化、服务化，以及综合管理和按需使用的支撑环境和工具集，是云制造系统的核心。

2. 云制造的服务对象与内容

（1）云制造的服务对象。

云制造的服务对象有两类：一类是制造企业用户，另一类是制造产品用户。

① 制造企业用户。传统的信息化主要是面向企业内部的业务管理，缺乏对企业间各类往来业务协作的有效支持。而云制造提供的是一种全新的产业生态环境，提供面向制造企业用户的多种服务支持，将企业推到云端，突破企业在资源环境和能力上的束缚，实现面向全球的企业资源与能力的互联，使企业在云端可以基于网络按需获取和配置自己所需的制造资源与制造能力，提供制

造资源和制造能力服务，以敏捷地响应市场，降低产品成本，提高企业的市场竞争能力。

② 制造产品用户。云制造面向的是制造全生命周期产业链的各个环节，包括研发环节、采购环节、生产环节、营销环节、服务环节，其中服务环节针对的就是制造产品用户（这里包括企业和个人）。云计算、物联网等新兴信息技术的应用，给服务环节的完善和提升带来了巨大的发展机遇，可有效提升产品和服务的智能化水平，支持产品的接入感知、健康状态管理以及远程维护诊断等，为产品用户按需提供定制化的增值服务。

（2）云制造的服务内容。

在制造产品全生命周期活动中，云制造的服务内容可以分为制造资源服务及云制造能力服务。云制造资源服务内容包括软制造资源服务（Manufacturing Soft Resource as a Service，MSRaaS），如制造过程中的各种模型、（大）数据、软件、信息、知识等，以及硬制造资源服务（Manufacturing Hard Resource as a Service，MHSaaS），如制造生产加工硬设备（如机床、机器人、加工中心）、计算设备、仿真试验设备、测试设备等。云制造能力服务内容包括论证为服务、设计为服务、仿真为服务、生产加工为服务、试验为服务、经营管理为服务、运营为服务、维修为服务、集成为服务等。能力服务的具体体现如下。

① 论证为服务（Argumentation as a Service，AaaS）。对子产品规划、发展战略等企业论证业务，云制造服务平台将（成本、进度、风险等）决策分析软件等软制造资源封装为云服务，并提供用于辅助决策分析的模型库、知识库、数据库作为支持，帮助制造企业用户对各种概念产品、规划方案的可行性与预期效果进行论文分析。另外，如果制造企业用户不擅长论证业务，也可以直接在制造云中找到合适的论证能力服务，通过电子化的方式达成交易，委托其协助进行论证。

② 设计为服务（Design as a Service，DaaS）。对于产品的设计过程，当用户需要计算机辅助设计工具时，云制造服务平台可将各种 CAD、CAE 软件功能封装为云服务以批作业或者虚拟桌面等方式提供给用户。在产品设计过程中，三维可视化、复杂分析计算等往往需要高效能计算条件，制造云中整合了高效能计算资源，可以动态构建相应的渲染和分析的支撑环境。制造云也提供了设计能力服务，企业可以将外观设计、子系统设计等外包给制造云中专业的设计能力。随着众包设计的兴起，制造云中的产品研发社区可以整合全球范围

内的专业能力，通过竞争和协作的方式提供整体式产品设计方案。

③ 仿真为服务（Simulation as a Service，SimaaS）。产品的虚拟样机仿真和半实物仿真需要大量软、硬仿真资源的支持，云制造服务平台可根据仿真任务的需求，动态构建虚拟化的仿真环境，将所需的计算资源、各种专业仿真软件、仿真模型和仿真数据等封装为云仿真服务，支持在广域网范围内和在高效能计算环境下开展联合仿真，对于仿真专用的半实物设备，能够提供远程使用、监控服务，使用户无须关心设备的具体位置。用户如果不擅长仿真业务，可以利用制造云中的仿真能力服务完成产品仿真。

④ 生产加工为服务（Fabrication as a Service，FaaS）。产品的生产加工过程需要各种硬制造资源和软制造资源的配合，云制造服务平台能够根据生产加工任务需求快速构建一条虚拟生产单元，其中包括了所需的物料以及机床、加工中心等硬制造设备，以及制造执行系统软件、知识库和过程数据库等软制造资源。云制造服务平台可以提供诸如生产物流跟踪、任务作业调度、设备状态控制等云服务资源，辅助用户对生产加工过程进行监控与管理。同上，用户如果不擅长生产加工业务，可以利用制造云中的外包生产加工能力服务完成企业用户的产品生产加工。

⑤ 试验为服务（Experiment as a Service，EaaS）。对子产品的试制和试验过程，云制造服务平台能够根据试验所需的软、硬资源建立一个虚拟实验室，其中封装了各种用于实验分析的软件功能作为云服务，同时也提供了对于部分试制设备、检测设备、试验平台等硬制造资源的远程接入和使用服务。制造能力的试验服务对于单个产业来说具有一定的共性，在制造云中作为产业配套服务进行提供，可有效降低产业的发展成本。实验的数据分析是一项重要的增值服务，制造业用户也可外包给制造云中的专业能力服务来高效完成。

⑥ 经营管理为服务（Management as a Service，MaaS）。在企业的制造全生命周期中，对于各项经营管理活动，如销售管理、客户关系管理、供应链管理、生产计划管理等业务，云制造服务平台能够提供云端客户关系管理（CRM）、云端供应链管理（SCM）、云端企业资源规划（ERP）等资源和能力服务，用户可以根据不同的管理需求定制个性化的业务流程，实行企业外部协作和内部管理、核心业务无缝衔接，支持构建虚实结合的数字化企业。通过这些服务，可以对制造企业用户的供应商和分销渠道等环节的能力进行有效管理。

⑦ 运营为服务（Operation as a Service，OpaaS）。运营为服务属于面向制

造产品用户的重要环节，包括产品运输、安装、培训、咨询、改进、应用、金融等增值服务，当然其中既包括资源服务也包括能力服务。以改进和应用为例，云制造服务平台可将相应的服务能力整合到它的社区中，对于电子产品来说提供各种应用下载，对于汽车等工具来说提供各种饰品定制，对于机床等装备来说提供各种数控编程。对于产品的市场运营来说，融资租赁等配套产业服务也是重要的盈利点，并可通过制造云来提供服务。

⑧ 维修为服务 ReaaS（Repair as a Service）。维修为服务既是面向制造产品用户也是面向制造企业用户的服务内容，包括维护保养、备品备件供应、故障诊断/修理、回收再制造等服务。随着物联网技术的发展，制造产品健康监测、故障诊断等资源服务可以通过制造云远程提供。对于制造产品用户，可以通过云制造服务平台来优选备品备件供应和保养/修理等能力服务；对于制造企业用户，可以通过云制造服务平台在广域范围快速建立备品备件供应和维修保障渠道，并对服务链进行有效的监控和管理。

⑨ 集成为服务（Integration as a Service，InaaS）。集成为服务分为通用性的集成资源服务和实施系统集成的集成能力服务。经过云化改造后的企业应用集成（EAI）、协同仿真支撑（COSIM）、多学科集成优化（MDO）、数据驱动工作流等资源集成服务可有效支持制造云中各类服务的重构与组合。对于一个大型的集团企业或者虚拟企业联盟，集成工作是一个复杂的系统工程，需要委托制造云中的集成能力进行全面实施。

（3）"云制造"的概念模型。

如图 8 - 9 所示，云制造中的用户角色主要有三种，即制造资源/能力提供者、制造云运营者、制造资源/能力使用者。制造资源/能力提供者通过对产品全生命周期过程中的制造资源和制造能力进行感知、虚拟化接入，以服务的形式提供给第三方运营平台（制造运营者）。制造云运营者主要实现对云服务池中服务（即云服务，在不引起歧义的情况下，可简称为服务）的高效管理、运营等，可根据制造资源/能力使用者的应用请求，动态、灵活地为其提供服务。制造资源/能力使用者能够在制造云运营平台的支持下，动态地按需使用各类应用服务（接出），并能实现多主体的协同交互，在制造云运行过程中，知识/智慧起着核心支撑作用，知识/智慧不仅能够为制造资源和制造能力的虚拟化接入与服务化封装供支持，还能为实现基于云服务的高效管理和智能查找等功能提供支持。

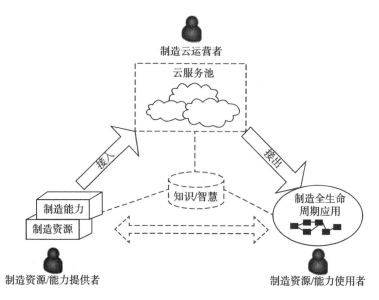

图 8 - 9 云制造概念模型

（4）"云制造"的应用模式。

从支持制造全生命周期过程的角度，"云制造"可分为四种典型应用模式：①支持单主体（单租户）完成某阶段制造（如设计）；②支持多主体（多租户）协同完成某阶段制造（如多学科协同设计）；③支持多主体（多租户）协同完成跨阶段制造（如设计与生产加工跨阶段制造）；④支持多主体（多租户）按需获得制造能力（如设计能力、加工能力等）。

从云制造实施主体的角度，可以分为三种类型，即企业云、行业（区域）云和混合云。企业云也称为私有云，如图 8 - 10 所示，它基于企业或集团内部网络构建，主要强调企业内或集团内制造资源和制造能力整合与服务，优化企业或集团资源和能力使用率，减少资源和能力的重复建设，降低成本，提高竞争力。行业（区域）云也称为公有云，如图 8 - 11 所示，它基于"公用网"（如互联网、物联网）构建，主要强调企业间制造资源和制造能力的整合，提高整个社会制造资源和制造能力的使用率，实现制造资源和能力交易；以第三方企业为主，构建相应的公有云制造服务平台；所有企业均可向平台提供本企业多余的或闲置的制造资源和能力，以获取利润；所有企业可以按需购买和使用平台提供的资源与能力服务。混合云如图 8 - 12 所示，主要是指在现有公有云和私有云平台的基础上，实现区域间/行业间公有云的集成、公有云与私有云的集成、私有云与私有云的集成以及云平台与现有信息系统的集成。

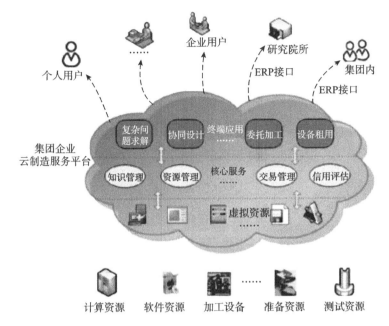

图 8-10　企业云制造服务平台应用场景

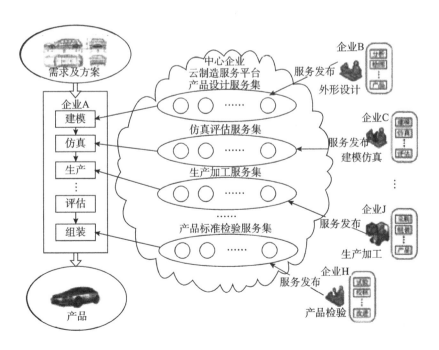

图 8-11　行业（区域）云制造服务平台应用场景

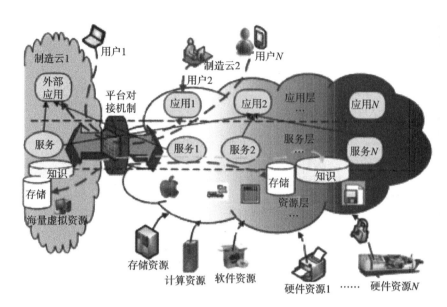

图 8 - 12　混合云制造服务平台应用场景

8.5.2　云制造系统的技术手段

为了支撑上述制造新模式，云制造系统（制造云）的技术手段也变得更加丰富，具有制造资源和能力的数字化、物联化、虚拟化、服务化、协同化、智能化特征，其综合体现为"智慧化"的技术特征。"六化"技术手段相互联系、层层递进，是云制造系统技术手段区别于其他信息化制造系统技术手段的重要标志。

1. 数字化

云制造系统的数字化，是指将制造资源和制造能力的属性及静态、动态行为等信息转变为数字、数据、模型，以进行统一分析、重组和操控等处理。制造资源和制造能力与数字化技术融合，形成能用数字化技术控制、监控、管理的制造资源及能力系统，如数控机床、机器人（硬制造资源），计算机辅助设计软件、管理软件（软制造资源），制造过程全生命周期各类制造能力等。

云制造系统中的"数字化"包括企业（或集团）产品的设计、仿真、生产加工、试验、经营管理等全生命周期过程活动中的制造资源和制造能力数字化，它是制造业信息化的基础技术，也是云制造实现的前提和基础技术。

2. 物联化

先进制造模式实现的核心是制造全生命周期活动中人/组织、管理和技术的集成与优化。为此，云制造系统融合了物联网、信息物理融合系统（CPS）等信息技术，提出要实现软硬制造资源和能力的全系统、全生命周期、全方位的透彻的接入和感知，尤其是要关注硬制造资源，如机床、加工中心、仿真设备、试验设备、物流设备等制造硬设备以及能力，如人及知识、组织、业绩、信誉、资源等的接入和感知。

如图 8 - 13 所示，在云制造模式下，各种软硬制造资源能够通过各种适配器、传感器、条形码、RFID、摄像头、人机界面等，实现状态自动或半自动感知，并且借助 4G 或 5G 网络、卫星网、有线网、互联网等各种网络来传输信息，在对各种软硬制造资源的状态信息进行采集和分析的基础上，能够进一步服务于云制造的业务执行过程，例如，基于对化工反应装置的温度、压力、负载等信息的感知与分析，为计划排产和任务调度提供依据；通过对物流货物的实时跟踪，辅助虚拟企业组织、上中下游成员的交易执行过程监控与管理。

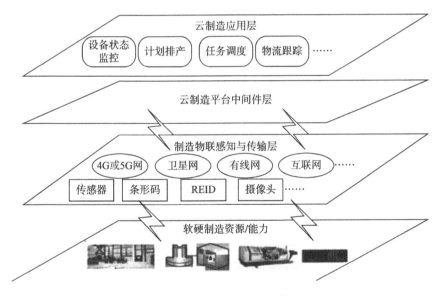

图 8 - 13　制造物联层次示意图

3. 虚拟化

虚拟化源于计算领域对虚拟机的研究，是目前云计算的核心技术之一。云制造的虚拟化与云计算的虚拟化既有区别又有联系，云制造中制造资源和能力虚拟化可对制造资源和能力提供逻辑与抽象的描述及管理，它不受各种具体物理限制的约束；虚拟化还为资源和能力提供标准的接口来接收输入与提供输出；虚拟化的对象可分为制造系统中涉及的制造设备、网络、软件、应用系统及能力等。

如图 8 – 14 所示，在云制造系统中，用户面对的是虚拟化的制造环境，它降低了使用者与资源和能力具体实现之间的耦合程度。通过虚拟化技术，一个物理制造资源和能力可以构成多个相互隔离的封装好的"虚拟器件"，多个物理制造资源和能力也可以组合形成一个粒度更大的"虚拟器件"组织，并在需要时实现虚拟化制造资源和能力的实时迁移与动态调度。虚拟化技术可使制造资源和能力的表示、访问简化并便于进行统一优化管理，它是实现制造资源和能力服务化与协同化的关键基础技术。

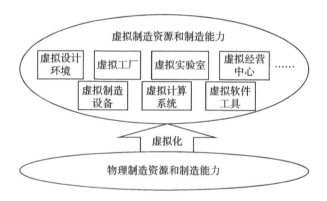

图 8 – 14　虚拟制造资源和能力示意图

4. 服务化

云制造系统中汇集了大规模的制造资源和能力，基于这些资源和能力的虚拟化，通过服务化技术进行封装和组合，形成制造过程所需要的各类服务，如设计服务、仿真服务、生产加工服务、管理服务、集成服务等，其目的是为用户提供优质廉价的、按需使用的服务，如图 8 – 15 所示。按需服务主要体现在两方面：一是通过对云资源及能力的按需聚合服务，实现分散资源及能力的集中使用；二是通过对云资源及能力的按需拆分服务，实现集中资源及能力的分散使用。以制造资源和能力的服务及其组合为基础构成的制造模式，具有标准化、松耦合、透明应用集成等特征，这些特征能够提高制造系统的开放性、互操作性、敏捷性和集成能力。

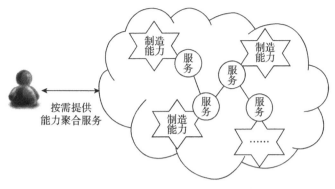

(a)分散资源及能力集中使用，按需提供聚合服务

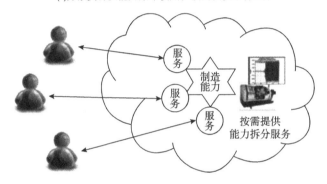

(b)集中资源及能力分散使用，按需提供拆分服务

图8-15 制造资源及能力按需服务的两种方式

云制造能随时随地为制造企业按需提供"多、快、好、省"的服务，支持云制造企业向以"产品"加"服务"为主导的"集成化、协同化、敏捷化、绿色化、服务化、智能化"的新经济增长方式发展，以支撑各类先进制造模式（如敏捷制造、并行工程、虚拟样机工程、大批量定制、精益制造等）的实现，提高企业的市场竞争能力。

5. 协同化

"协同"是先进制造能力的典型特征，特别是对复杂产品的制造而言尤为重要。云制造系统使制造资源和能力通过标准化、规范化、虚拟化、服务化及分布高效能计算等信息技术，形成彼此间灵活的，可互联、互操作的"制造资源和能力即服务"模块，如图8-16所示。通过协同化技术，这些云服务模块能够动态地实现全系统、全生命周期、全方位的互联、互通、互操作，以满足用户需求。

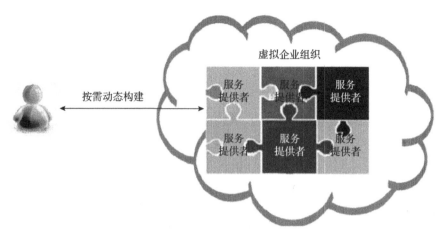

图 8 – 16　即插即用的资源及能力服务协同示意图

除了技术层面的协同化，云制造也为敏捷化虚拟企业组织的动态协同管理提供全面支持，实现多主体按需动态构建虚拟企业组织以及虚拟企业业务协同运作中的有机融合与无缝集成。

6. 智能化

云制造系统的另一典型特征是全系统、全生命周期、全方位的深入的智能化。知识及智能科学技术是支撑云制造服务系统运行的核心，制造云在汇集各种制造资源和能力的同时，也汇集了各种知识并构建了跨领域多学科知识库；而且随着智能化的持续演化，云中积累的知识规模也在不断扩大。知识及智能科学技术渗入制造全生命周期的各环节、各层面提供智能化支持。

如图 8 – 17 所示，在云制造模式下，知识及智能科学技术为两个维度的"全生命周期"提供支持，一是制造全生命周期活动，二是制造资源及能力服务全生命周期。一方面，知识及智能科学技术渗入制造全生命周期活动的论证、设计、生产加工、试验、仿真、经营管理等各个环节，能够提供所需的名类跨领域多学科多专业知识；另一方面，知识及智能科学技术融合于制造资源及能力服务全生命周期的各个环节，如资源及能力描述、发布、匹配、组合、交易、执行、调度、结算、评估等。知识及智能科学技术覆盖了这两个维度，构成平面中的各个坐标点，为云制造提供全方位的智能化支持。

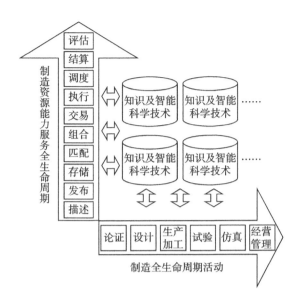

图 8-17 知识型智能制造示意图

8.5.3 云制造服务的特点

云制造服务具有分布异构集成、按需动态架、协同互操作、高可扩展性、全生命周期智慧制造等特点。

（1）分布异构集成。云制造系统中集成的制造资源和制造能力的种类众多、地域分散，虽然云的理念是资源及能力尽可能地集中维护，然后再分散进行服务，但是仍然有很多硬制造资源不便于物理集中，部分模型和知识资源也由知识产权的因素分散保管，此为分布性；异构性既指不同类型资源之间的异构，也指同类资源之间的异构，例如，同样是车床，可能有不同的行程范围和加工精度。云制造遵循的是"分散资源及能力集中管理、集中资源及能力分散服务"的思想。

（2）按需动态架构。云制造服务屏蔽了制造资源和制造能力的分布异构性，制造云能根据多租户不同的制造任务需求，动态地组合不同类型的制造服务，动态地生成（如虚拟机）、优选和绑定虚拟制造资源及能力实例，从而构建出专门的云制造任务执行环境。

（3）协同互操作。云制造服务之间具有协同互操作的特性，这是由制造

189

过程存在多学科、多阶段的特征所决定的，协同互操作意味着云制造服务之间具有数据交互关系、时序逻辑关系甚至时间同步要求。

（4）高可扩展性。虚拟化技术特别是多租户技术的运用，使得云制造服务具有超强的、无限的能力。在云制造系统中，很多硬制造资源能以并发方式提供服务，例如，一台五轴加工中心只能同时加工一个工件；很多传统模式下开发出来的软制造资源在任一时段也只能独占式地使用。云制造系统在借鉴计算系统虚拟化技术的基础上，通过快速、灵活地组织众多同类制造资源和制造能力，将其虚拟化成无差别的资源及能力实例，支持为多个租户同时提供服务。

（5）全生命周期智慧制造。如第8.5.2节所述，云制造服务可支持制造产品全生命周期的各个阶段，不同制造阶段之间通过知识进行有效衔接，基于知识对各阶段的云服务进行调度，从而实现高度一体化的全生命周期智慧制造。

8.5.4　云制造的应用实例

1. 多主体独立完成单阶段制造

以航天复杂产品×－××的研制为应用背景，以气动结构等的设计分析为场景，基于云制造服务平台提供的虚拟交互和批作业处理功能，使用云制造系统发布的交互式前处理软件、高性能分析软件、交互式后处理软件完成气动设计与仿真分析工作。

在实施过程中，气动设计分析师通过资源应用子门户，依次选择需要的交互式设计软件和作业处理式分析软件开展工作，并同时提交对计算资源（主要是CPU核数）的需求。云制造系统自动为其配置相应的专属应用环境，直至应用结束将资源自动回收。虚拟交互式设计对交互密集型设计任务（如结构设计、工艺设计）的需求，根据业务对环境的个性化需求，动态创建并提供虚拟桌面，使设计师按需敏捷获得工作环境，从而将精力集中在业务领域，特别是还提供了虚拟模板（针对大型软件）、虚拟机快照以及快速安装包（针对小型软件）三类软件虚拟化封装方式。作业处理方式针对计算密集型分析任务（如气动、液压、热场等分析）的需求，迅速响应作业调度请求，实现对大批量、大规模问题的计算，为设计师享受高性能计算集群带来的计算能力提升提供了捷径，特别是当物理计算资源紧张时，支持动态地构建虚拟计算环境，满足业务需求。

云制造环境下多主体协同完成工程设计阶段气动分析的应用流程包活交互式 ANSYS 前处理和批处理式 FLUENT 模型计算，具体如下。

（1）在虚拟交互模式下使用 ANSYS 做前处理：①气动设计分析师通过浏览器登录系统门户，随后进入资源应用子门户；②单击导航栏的虚拟交互应用，在发布的软件中启动前处理软件 ANSYS；③利用前处理软件 ANSYS 创建 ×－×× 的三维外形、划分网格、加载模型、显示结果；④将 ANSYS 中的模型保存到云制造系统为该用户划分的专属临时存储空间。

（2）在批作业模式下使用 FLUENT 做模型解算：①单击导航栏的批作业应用，在发布的软件中选择流体分析软件 FLUENT；②在界面上选择临时存储空间中的网格模型，设置作业名称、分析步长、送代次数、CPU 核数等；③提交作业，启动 FLUENT 进行计算；④将 FLUENT 的计算结果（事先预置好）保存到云制造系统作为该用户划分的专属临时存储空间；⑤单击导航栏的虚拟交互应用，在发布的软件中启动后处理软件；⑥利用后处理软件分析计算结果（展示各种流场图）；⑦将设计分析结果通过浏览器上传到模型库。

2. 多主体协同完成单阶段制造

选取某航天飞行器起落架系统作为研究对象，综合采用云制造系统提供的三种资源服务模式，支持复杂仿真系统的快速开发、构建以及面向服务实现时空一致紧耦合的仿真协同。

该系统主要由可视化模型、控制系统模型、多体动力学模型、液压模型等组成，使用了多种虚拟样机设计工具，如液压系统设计工具 EASY5、动力学设计工具 ADAMS、控制系统设计工具 MATLAB 和外形三维设计工具 CATIA 等，使用了系统顶层建模工具（COSIM）、高性能集群及协同仿真中间件。基于云制造系统构建的某飞行器虚拟样机高性能协同仿真应用系统的结构组成如图 8－18 所示。

云制造环境下协同仿真的应用流程包括仿真任务描述、协同仿真任务提交、协同仿真环境构建、协同仿真运行及容错迁移、结果分析与仿真评估五个部分。

（1）仿真任务描述。用户通过远程交互应用方式可以动态、快速地选择和使用"高层建模工具"及有关的分系统建模仿真工具的虚拟桌面，完成仿真任务描述。使用"高层建模工具"提供的顶层建模语言对复杂飞行器起落

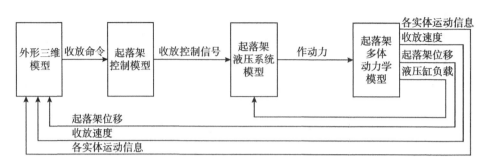

图 8 – 18　协同仿真应用系统的结构组成

架系统中的各类多学科异构模型进行顶层统一建模，可视化地对仿真系统的拓扑结构、子系统模型的组成、子系统之间的连接关系、子系统调用逻辑顺序以及模型运行环境的需求信息进行建模描述。分系统的建模仿真设计人员使用远程交互应用方式定制得到商用的分系统建模与仿真工具，并利用它们建立各个子系统的专业领域模型。

（2）协同仿真任务提交。任务描述过程中生成的顶层建模文件、子系统模型描述文件、仿真成员模型和专业软件模型均可以被保存到 B/S 结构的模型库中，用户通过 B/S 结构的网页门户，提交仿真任务运行所需的高层建模文件和模型文件等。

（3）协同仿真环境构建。云制造系统解析仿真任务运行环境的描述文件，获取仿真任务所需的执行环境，并交由后台构建。在这个过程中，仿真人员不可能对仿真模型的运行环境需求有细致的了解，因此将仿真资源的运行环境需求分为确定部分和不确定部分，确定部分具有经验判断的成分，如对 CPU、内存、网络的需求。

协同仿真环境构建的运行流程：①接收任务提交获取的运行环境构建信息，包括操作系统类型和软件环境、节点个数、每个节点的 CPU 个数以及内存大小等；②根据上述信息选择合适的虚拟机模板，并选择合适的物理节点，将虚拟机模板动态修改为需求描述的配置，在指定节点上启动；③在启动好的虚拟机中部署相应的服务和模型，完成协同仿真环境的构建。

（4）协同仿真运行及容错迁移。协同仿真环境构建完成后，协同仿真引擎得以根据高层建模所建立的状态机模型来组合、调度各类仿真资源服务，驱动仿真系统的协同运行。

协同仿真运行流程：①执行仿真运行预备和开始，加载仿真模型并初始化仿真系统的参数；②仿真引擎服务按照顶层建模的连接关系和调度逻辑驱动仿真模型的运行；③仿真模型通过工具适配器接口调用软件求解服务，完成专业模型的解算；④仿真引擎服务通过 RTI 同步仿真模型间的仿真时间，保证仿真时序逻辑的正确性。

协同仿真容错迁移是指为了达到负载均衡的效果，对虚拟机进行的热迁移。依据物理节点和虚拟机的动态信息，采用一定的负载预测算法，实现虚拟机的在线迁移。运行场景：①对获取的实时信息进行统计处理，通过负载预测算法，结合仿真容错迁移要求，判断迁移的时刻、目的节点；②执行预迁移过程，先暂停仿真系统运行，然后保留当前仿真状态；③当虚拟机迁移到目的节点后，重新恢复仿真系统的运行。

（5）结果分析与仿真评估。在用户使用仿真平台结果后，对平台运行过程中产生的数据进行统计分析，完成以下工作：①结果分析。在协同仿真运行过程中，通过订购仿真系统中交互类和对象类的属性信息来获取动态参数信息，仿真结束后，使用最小二乘法、回归分析等方法分析和评估仿真对象的动态性能。②仿真评估。结合仿真评估算法形成对仿真系统的评测，该评测信息包括仿真系统的运行速率、物理计算环境的负载信息、虚拟计算环境的负载信息，以及根据仿真系统的拓扑结构给出的定性评价和建议。

3. 多主体协同完成跨阶段制造

以复杂航天产品 × - ×× 的研制为应用背景，以协同设计生产一体化为场景，基于云制造服务平台提供的流程调度及功能，运行设计、生产资源服务，完成从结构初步设计（电路原理设计）、三维建模（布局布线）、动静热强度分析（电磁兼容分析）、编制工艺到最终的加工装配全过程的协同。

在实施过程中，项目总指挥通过资源应用子门户，对项目协同设计生产业务流程进行定义，对业务流程相关的资源服务进行选择。云制造系统实时感知相关资源服务的状态和流程执行情况，动态地驱动业务流程，维护资源服务之间的信息链，支持容错和优化。

云制造环境下多主体协同完成跨阶段制造的应用流程包括流程定义、资源分配、流程执行三个部分。

（1）流程定义。①项目总指挥通过浏览器登录系统门户，随后进入资源应用子门户；②单击导航栏的流程应用，在流程管理界面中对协同设计生产业务流程进行定义；③对流程管理界面中流程的可执行性进行验证，随后将流程建模文件提交给模型库。

（2）资源分配。项目总指挥在流程控制界面中加载流程模型文件，对与业务流程相关的资源服务进行选择（关联），驱动业务流程的执行。

（3）流程执行。①流程运行到结构设计师处时，结构设计师使用云制造平台中服务化的设计软件资源 ProE 完成产品的三维结构设计；②流程处于结构分析师处时，结构分析师使用云制造平台中服务化的分析软件资源（NASTRAN、ANSYS、ABAQUS）完成产品的动静热强度等的仿真分析；③流程处于工艺设计师处时，工艺设计师对工艺进行审查、设计（使用 ProE）并最终生成生产工艺文件（CAPP）；④流程处于生产加工阶段时，项目总指挥通过服务管理界面了解生产加工各个资源服务的状态信息（感知中间件信息融合所得结果），并将相应任务提交给空闲的机械加工车间的 MES 服务进行动态排产和生产加工；⑤流程处于装配调试阶段时，项目总指挥将相应任务提交给装配调试资源服务，如果装配反馈异常，则在流程管理界面中执行退回和信息链的重构。

4. 多主体按需获得制造能力

以复杂航天产品×－××的研制为应用背景，以体系仿真论证、虚拟样机仿真、半实物仿真为场景，基于云制造服务平台提供的知识及能力管理功能，统筹协调多专业、系统和体系仿真分析的相关设备与团队，完成专业能力的发布注册、动态跟踪以及按需聚合。

在实施过程中，仿真专业所通过能力应用子门户发布体系仿真、半实物仿真、虚拟现实仿真和多学科虚拟样机工程等专业能力；产品研制部门通过能力应用子门户发布体系仿真论证需求。云制造系统基于领域知识库，实现对能力资源的聚合调度以及对交易过程的管理控制。

云制造环境下多主体按需获取制造能力的应用流程包括发布制造能力、发布用户需求、供需智能匹配、交易运行和评估管理五个部分。

（1）发布制造能力。①仿真专业所人员通过浏览器登录系统门户，随后进入服务商子门户；②在能力类别管理界面中上传细化的仿真技术体系知识描述文件；③在能力发布管理界面中基于细化的仿真技术体系对体系仿真专业能力进行描述，包括基本信息、分类信息、资源信息、人员信息等，并发布描述结果；④成功发布的制造能力在能力中心子门户中显示。

（2）发布用户需求。①产品研制部门人员通过浏览器登录系统门户，随后进入能力应用子门户；②通过平台提供的流程建模工具，研制部门人员可以将需求包含的任务及其之间的逻辑关系用可视化工具绘制出来，并保存成 XML 文件，供后续搜索匹配和调度时使用；③在需求发布管理界面中描述所要发布的需求，包括基本信息、参数信息、时间约束、业务逻辑约束等，并发布描述结果；④发布成功的需求会在需求子门户中显示。

（3）供需智能匹配。①云制造系统根据用户需求在云资源池中进行智能匹配，返回用户可选的能力（组合能力）资源列表。在匹配过程中，依次依照基本信息中的名称、关键字、交易模式，功能信息中的功能描述、输入输出接口进行搜索。若无法找到满足需要的原子服务，则启动服务流程组合功能，根据需求信息中的流程定义，从所有组合方案中寻找满足服务质量约束的最优执行方案。②产品研制部门人员从中选择适合的仿真能力资源，提出使用请求，进入能力交易管理界面。

（4）交易运行。①供需双方在交易管理界面中按照定制的规则流转进行协同，共同完成体系仿真；②仿真专业人员在交易管理界面查看交易费用的结算结果；③（假设）出现纠纷，供需双方在交易管理界面根据事先定制的交易规则向云制造系统运营方申请仲裁；④云制造系统运营方上报上级主管部门，并反馈批复的仲裁结果。

（5）评估管理。云制造能力服务的评估技术用于对整个业务流程中的所有制造能力运行行为和制造能力提供商做综合评估，以形成定性及定量指标，辅助其他用户做业务决策，包括制造能力（服务）质量自动评估与用户反馈式评估两种类型。①自动评估引擎采集制造能力（服务）实际运行所使用的时间、资源、费用等，计算能力指标的基础值，包括服务时间、服务费用、服务可靠性（成功率、稳性）、服务吞吐量、环境清洁度、知识含量等，并根据业务流程拓扑结果，自动计算整个业务过程的综合服务评价指标；②用户反馈式评估通过用户对不同指标的打分情况，综合给出用户评价的实际值，包括能力（服务）描述一致性、能力（服务）满意度、能力（服务）商信誉等。

8.6 本章小结

为了更好地理解制造资源优化配置相关技术支撑，本章从制造系统整体的角度出发，着重介绍若干典型的先进制造系统模式的相关概念及其实现的关键技术，作为先进制造系统的实例。由于每种先进制造系统模式的出发点和侧重点不同，因此对于众多的先进制造系统模式，必须从本质上理解其内涵、原理及特征，把握其关键技术和实施方法，这样才能决定实际的制造系统采用或借鉴什么样的制造系统模式来经营、管理和优化利用各种资源，以获取系统投入的最大增值。

参考文献

［1］ 李培根，张洁. 敏捷化智能制造系统的重构与控制［M］. 北京：机械工业出版社，2003.

［2］ TAO F, HU Y F, DING Y F, et al. Resources publication and discovery in manufacturing grid［J］. Journal of Zhejiang University (Science)，2006，7（10）：1676 – 1682.

［3］ 邵红李. 网格环境下由经济驱动的任务调度策略研究［D］. 青岛：中国石油大学（华东），2008.

［4］ 李茂胜. 基于市场的网格资源管理研究［D］. 合肥：中国科学技术大学，2006.

［5］ 宋风龙. 基于经济原理的网格资源管理模型与策略研究［D］. 济南：山东师范大学，2006.

［6］ 周永利. 基于效益驱动的制造网格资源管理和调度问题研究［D］. 长沙：国防科学技术大学，2007.

［7］ LI M, SANTEN P, WALKER D W, et al. PortalLab：A Web Services Oriented Toolkit for Semantic Grid Portals［C］. The 3rd IEEE International Symposium on Cluster Computing and the Grid, Tokyo, 2003.

［8］ 高鸿业. 西方经济学：微观部分［M］. 北京：中国人民大学出版社，2007.

［9］ 胡业发，陶飞，周祖德. 制造网格资源服务 Trust – QoS 评估及其应用［J］. 机械工程学报，2007，43（12）：203 – 211.

［10］ 沈彬，刘丽兰，俞涛. 制造网格中基于 SLA 的资源管理模型研究［J］. 计算机应用，2006，2（26）：512 – 514.

［11］ 陈禹. 信息经济学教程［M］. 北京：清华大学出版社，1998.

［12］ 陈友龙. 一种新型的差别规模经济［J］. 成人高考教学刊，2003（5）：47 – 49.

［13］ 吕北生，石胜友，莫蓉，等. 基于市场均衡的制造网格资源配置方法［J］. 计算机集成制造系统，2006，12（12）：2011 – 2016.

［14］ 刘丽，杨扬，郭文彩，等. 基于纳什均衡理论的网格资源调度机制［J］. 计算机工程与应用，2004，29（40）：106 – 108.

［15］ 沈卫明，米小珍，郝琪. 多智能体技术在协同设计与制造中的应用［M］. 北京：清

华大学出版社, 2008.

[16] BARMOUTA A, BUYYA R. GridBank: A Grid Accounting Services Architecture (GASA) for Distributed Systems Sharing and Integration [C]. Proceedings of the 17th Annual International Parallel and Distributed Processing Symposium, 2002, 22 – 26.

[17] 威廉姆森, 马斯滕. 交易成本经济学 [M]. 李自杰, 蔡铭, 等译. 北京: 北京人民出版社, 2009.

[18] 张维迎. 博弈论与信息经济学 [M]. 上海: 上海人民出版社, 1996.

[19] 程广平. 基于博弈分析和信用中介的中小电子商务企业信用机制建立 [D]. 天津: 天津大学, 2006.

[20] 吉本斯. 博弈论基础 [M]. 高峰, 译. 北京: 中国社会科学出版社, 1999.

[21] SUBRATA R, ZOMAYA A Y, LANDFELDT B. Cooperative game framework for QoS guided job allocation schemes in grids [J]. IEEE Transactions on Computers, 2008, 57 (10): 1413 – 1422.

[22] 李茂胜, 杨寿保, 付前飞, 等. 基于赔偿的网格资源交易模型 [J]. 软件学报, 2006, 17 (3): 472 – 480.

[23] 梁乃刚, 张文良, 王红. 关于最佳质量成本模型的探讨 [J]. 数理统计与管理, 1992, 11 (1): 24 – 30.

[24] USCHOLD M, KING M. Towards a Methodology for Building Ontologies [C]. The 14th International Joint Conference on Artificial Intelligence Workshop on Basic Ontological Issues in Knowledge Sharing, Montreal, 1995.

[25] GRUNINGER M, FOX M S. Methodology for the Design and Evaluation of Ontologies [C]. The 14th International Joint Conference on Artificial Intelligence Workshop on Basic Ontological Issues in Knowledge Sharing, Montreal, 1995.

[26] BERNARAS A, LARESGOITI I, CORERA J. Building and Reusing Ontologies for Electrical Network Applications [C]. Proceeding of the 12th European Conference on Artificial Intelligence, 1996: 298 – 302.

[27] FERNANDEZ M, GOMEZ P A, JURISTO N. METHONTOLOGY: From Ontological Art towards Ontological Engineering [C]. Proceeding of the American Association for Artificial Intelligence Spring Symposium Series on Ontological Engineering, California, 1997: 33 – 40.

[28] KNIGHT K, LUK S. Building a Large Knowledge Base for Machine Translation [C]. Proceedings of the American Association for Artificial Intelligence Conference, Seattle, 1994: 185 – 190.

[29] 黄汝维, 苏德富. 网格信息服务模型的研究 [J]. 计算机工程与科学, 2004, 26 (11): 75 – 79.

［30］ MASTROIANNI C, TALIA D, VERTA O. A Super – peer Model for Building Resource Dis-
covery Services in Grids: Design and Simulation Analysis ［C］. European Grid Conference
on Advances in Grid Computing, 2005: 132 – 143.

［31］ DORIGO M, STÜTZLE T. Ant Colony Optimization ［M］. 北京: 清华大学出版社, 2007.

［32］ 袁逸萍, 俞涛, 方明伦. 制造网格中基于服务的工作流研究 ［J］. 中国机械工程,
2006, 17 (11): 1148 – 1153.

［33］ 吴健, 吴朝晖, 李莹, 等. 基于本体论和词汇语义相似度的 Web 服务发现 ［J］. 计算
机学报, 2005, 28 (4): 595 – 602.

［34］ TAO F, HU Y F, ZHOU Z D. Study on manufacturing grid & its resource service optimal –
selection system ［J］. International Journal of Advanced Manufacturing Technology, 2008, 9
(37): 1022 – 1041.

［35］ 胡业发, 张海军, 陶飞, 等. 基于 OWL – S 的制造网格服务发现研究 ［J］. 中国机械
工程, 2008, 19 (21): 2595 – 2600.

［36］ AGIRRE E, RIGAU G. Word Sense Disambiguation using Conceptual Density ［C］. Pro-
ceedings of the 16th International Conference on Computational Linguistics, 1996: 16 – 22.

［37］ KUNRATH L, WESTPHALL C B, KOCH F L. Towards Advance Reservation in Large –
scale Grids ［C］. The 3rd International Conference on Systems, 2008: 247 – 252.

［38］ MACLAREN J. Advance Reservations: State of the Art ［EB/OL］. http: //www. ggf. org.

［39］ YANG C T, LAI K C, SHIH P C. Design and implementation of a workflow – based resource
broker with information system on computational grids ［J］. Journal of Supercomputing,
2009, 47 (1): 76 – 109.

［40］ GAREY M R, JOHNSON D S. Computers and Intractability: A Guide to the Theory of NP –
Completeness ［M］. New York: Freeman, 1979.

［41］ MESSMER B T, HORST B. Efficient subgraph isomorphism detection: A decomposition ap-
proach ［J］. IEEE Transactions on Knowledge and Data Engineering, 2001, 2
(2): 307 – 323.

［42］ 杨文通, 王蕾, 刘志峰. 数字化网络化制造技术 ［M］. 北京: 电子工业出版社, 2004.

［43］ SHEN W M, WANG L H, HAO Q. Agent – based distributed manufacturing process plan-
ning and scheduling: A state – of – the – art survey ［J］. IEEE Transactions on Systems,
Man and Cybernetics, 2006, 36 (4): 563 – 577.

［44］ HU H S, LI Z W. Modeling and scheduling for manufacturing grid workflows using timed
Petri nets ［J］. International Journal of Advanced Manufacturing Technology, 2009, 42:
553 – 568.

［45］ 伍之昂, 罗军舟, 宋爱波. 基于 QoS 的网格资源管理 ［J］. 软件学报, 2006, 17

（11）：2264 –2276.

[46] Al – Ali R J, SHAIKHALI A, RANA O F, et al. Supporting QoS – based Discovery in Serv-ice – Oriented Grids [C]. Proceedings of the 17th International Symposium on Parallel and Distributed Processing, 2003：101 –109.

[47] HE X S, SUN X H, VON LASZEWSKI G. QoS guided Min – Min heuristic for grid task scheduling [J]. Journal of Computer Science and Technology, 2003, 18（4）：442 –451.

[48] LIU L L, TAO Y, SHI Z B, et al. Resource Management and Scheduling in Manufacturing Grid [C]. GCC, 2003 –2004：137 –140.

[49] 陶飞，胡业发，周祖德. 基于 Trust – QoS 的制造网格资源服务调度研究 [C]. 2007 全国机械工程博士生学术论坛, 2007（8）：711 –728.

[50] FEYNMANN R P. Simulating physics with computers [J]. International Journal of Theoreti-cal Physics, 1982（216）：467 –482.

[51] FEYNMANN R P. Quantum mechanical computer [J]. Found Physics, 1986, 16（6）：507 –531.

[52] GROVER L K. A Fast Quantum Mechanical Algorithm for Database Search [C]. Proceed-ings of the 28th Annual ACM Symposium on Theory of Computing, 1996, 6：212 –219.

[53] VLACHOGIANNIS J G, KWANG Y L. Quantum – inspired evolutionary algorithm for real and reactive power dispatch [J]. IEEE Transaction on Power System, 2008, 23（4）：1627 –1636.

[54] HAN K H, KIM J H. Quantum – inspired evolutionary algorithm for a class of computation [J]. IEEE Transaction on Evolutionary Computation, 2002, 6（6）：580 –593.

[55] CHEN L, AIHARA K. Global searching ability of chaotic neural networks [J]. IEEE Transaction on Circuits Systems, 1999, 46（8）：947 –993.

[56] SCHYJA A, BARTELT M, KUHLENKÖTTER B. From conception phase up to virtual verifi-cation using AutomationML [J]. Procedia CIRP, 2014（23）：171 –177.

[57] KELLER M, ROSENBERG M, BRETTEL M, et al. How virtualization, decentrazliation and network building change the manufacturing landscape: An industry 4.0 perspective [J]. International Journal of Mechanical, Aerospace, Industrial, Mechatronic and Manufac-turing Engineering, 2014（8）：37 –44.

[58] POSADA J, TORO C, BARANDIARAN I, et al. Visual computing as key enabling technolo-gy for industry 4.0 and industrial internet [J]. IEEE Computer Graphics and Applications, 2015, 35（2）：26 –40.

[59] KOREN Y, SHPITALNI M. Design of reconfiguration manufacturing systems [J]. Journal Journal of Manufacturing Systems, 2010, 29（1）：30 –41.

［60］ LU Y, XU X. Resource virtualization: A core technology for developing cyber – physical production systems ［J］. Journal of Manufacturing Systems, 2018, 47: 128 – 140.

［61］ ZHANG Y, QIAN C, LV J, et al. Agent and cyber – physical system based self – organizing and self – adaptive intelligent shopfloor ［J］. IEEE Transaction Industrial Informatics, 2016, 13 (2): 737 – 747.

［62］ DANNY A P, FERREIRA P, LOHSE N, et al. An automationML model for plug – and – produce assembly systems ［C］. IEEE International Conference on Information Science and Technology, Emden, : 849 – 854.

［63］ HAAG S, ANDERL R. Digital twin – proof of concept ［J］. Manufacturing Letters, 2018 (15): 64 – 66.

［64］ BUCKHOLTZ B, RAGAI I, WANG L. Cloud manufacturing: Current trends and future implementations ［J］. Journal of Manufacturing Science and Engineering, 2015, 137 (4): 1 – 46.

［65］ COLOMBO A W, KARNOUSKOS S, BANGEMANN T. IMC – AESOP outcomes: Paving the way to collaborative manufacturing systems ［C］. IEEE International Conference on Information Science and Technology, Porto Alegre, 2014, 255 – 260.

［66］ MORGAN J, O'DONNEL G E. The cyber physical implementation of cloud manufacturing monitoring systems ［J］. Procedia CIRP, 2015, 33: 29 – 34.

［67］ WANG X V, WANG L. A cloud – based production system for information and service integration: An internet of things case study on waste electronics ［J］. Enterprise Information Systems, 2017, 11 (7): 952 – 968.

［68］ TAO F, CHENG Y, XU L, et al. CCIoT – CMfg: Cloud computing and internet of things – based cloud manufacturing service system ［J］. IEEE International Conference on Information Science and Technology, 2014, 10 (2): 1435 – 1 442.

［69］ ASHTON K. That 'Internet of Things' thing ［J］. RFiD Journal, 2009 (22): 97 – 114.

［70］ WANG S, ZHANG G, SHEN B, et al. An integrated scheme for cyber – physical building energy management system ［J］. Procedia Engineering, 2011 (15): 3616 – 3620.

［71］ RUDTSCH V, GAUSEMEIER J, GESING J, et al. Pattern – based business model development for cyber – physical production systems ［J］. Procedia CIRP, 2014 (25): 313 – 319.

［72］ CARDIN O. Classification of cyber – physical production systems applications: Proposition of an analysis framework ［J］. Computer Industry, 2019 (104): 11 – 21.

［73］ MONOSTORI L. Cyber – physical production systems: Roots expectations and R&D challenges ［J］. Procedia CIRP, 2014 (17): 9 – 13.

［74］ UM J, WEYER S, QUINT F. Plug and simulate within modular assembly line enabled by digital twins and the use of Automationml [J]. IFAC Proceeding, 2017, 50 (1): 15904 – 15909.

[75] TALKHESTANIA B A, JAZDIB N, SCHLOEGLC W, et al. Consistency check to synchronize the digital twin of manufacturing automation based on anchor points [J]. Procedia CIRP, 2018, 72: 159 – 164.

[76] UHLEMANN T H, LEHMANN C, STEINHILPER R. The digital twin realizing the cyber physical prodcution system for industry 4. 0 [J]. Procedia CIRP, 2017, 61: 335 – 340.

[77] TERKAJ W, URGO M. Ontology – based modelling of production systems for design and performance evaluation [J]. IEEE International Conference on Information Science and Technology, Porto Alegre, 2014: 748 – 753.

[78] ZHANG H J, YAN Q, LIU Y P, et al. An integer – coded differential evolution algorithm for simple assembly line balancing problem of type 2 [J]. Assembly Automation, 2016, 36 (3): 246 – 261.

[79] ZHANG H J, ZHANG G H, YAN. Digital twin – driven cyber – physical production system towards smart shop – floor [J]. Journal of Ambient Intelligence and Humanized Computing, DOI: 10. 1007/s12652 – 018 – 1125 – 4.

[80] HATVANY J, NEMES L. Intelligent manufacturing systems – a tentative forecast [J]. IFAC Proceeding, 1978, 11 (1): 895 – 899.

[81] UEDA K, VAARIO J. The biological manufacturing system: Adaptation to growing complexity and dynamics in manufacturing environment [J]. Journal of Manufacturing Systems, 1998, 27 (1): 41 – 46.

[82] UEDA K, VAARIO J, OHKURA K. Modelling of biological manufacturing systems for dynamic reconfiguration [J]. CIRP Annuals: Manufacturing Technology, 1997, 46 (1): 343 – 346.

[83] KOREN Y, HEISEL Z, JOVANE F, et al. Reconfigurable manufacturing systems [J]. CIRP Annuals: Manufacturing Technology, 1999, 48 (2): 527 – 540.

[84] KÁDÁR B, LENGYEL A, MONOSTORI L, et al. Enhanced control of complex production structures by tight coupling of the digital and the physical worlds [J]. CIRP Annuals: Manufacturing Technology, 2010, 59 (1): 437 – 440.

[85] KÁDÁR B, TERKAJ W, SACCO M. Semantic virtual factory supporting interoperable modelling and evaluation of production systems [J]. CIRP Annuals: Manufacturing Technology, 2013, 52 (1): 443 – 446.

[86] MAROPOULOS P G. Digital enterprise technology – defining perspectives and research priorities [J]. International Journal of Competer Integrated Manufacturing, 2002, 16 (7 – 8):

467 – 478.

[87] WESTKÄMPER E, VON BRIEL R. Continuous improvement and participative factory planning by computer systems [J]. CIRP Annals Manufacturing Technology, 2001, 50 (1): 347 – 352.

[88] BONGAERTS L, MONOSTORI L, MCFARLANE D, et al. Hierarchy in distributed shop floor control [J]. Computers in Industry, 2000, 43 (2): 123 – 137.

[89] MÁRKUS A, KIS T, VÁNCZA J, et al. A market approach to holonic manufacturing [J]. CIRP Annals Manufacturing Technology, 1996, 45 (1): 433 – 436.

[90] MONOSTORI L, VÁNCZA J, KUMARA S R T. Agent – based systems for manufacturing [J]. CIRP Annals Manufacturing Technology, 2006, 55 (2): 697 – 720.

[91] VALCKENAERS P, BRUSSEL H V. Design for the Unexpected from Holonic Manufacturing Systems towards a Humane Mechatronics Society [M]. Amsterdam: Elsevier, 2015.

[92] VALCKENAERS P, VAN BRUSSEL H. Holonic manufacturing execution systems [J]. CIRP Annals Manufacturing Technology, 2005, 54 (1): 427 – 432.

[93] VAN BRUSSEL H, WYNS J, VALCKENAERS P, et al. Reference architecture for holonic manufacturing systems: PROSA [J]. Computersin Industry, 1998, 37: 255 – 274.

[94] VOGEL – HEUSER B, LEE J, LEITÃO P. Agents enabling cyber – physical production systems [J]. Automatisierungstechnik, 2015, 63 (10): 777 – 789.

[95] GIVEHCHI O, JASPERNEITE J. Industrial automation services as part of the cloud: First experiences [C]. Proceedings of the Jahreskolloquium Kommunikation in der Automation, KommA Magdeburg, 2013: 1 – 10.

[96] GUPTA A, KUMAR M, HANSEL S, et al. Future of all technologies – the cloud and cyber physical systems [J]. International Journal of Enhanced Research in Science, Technology, and Engineering, 2013, 2 (2): 1 – 6.

[97] MEZGÁR I, RAUSCHECKER U. The challenge of networked enterprises for cloud computing interoperability [J]. Computersin Industry, 2014, 65 (4): 657 – 674.

[98] SCHLECHTENDAHL J, KRETSCHMER F, LECHLER A, et al. Communication mechanism for Cloud based Machine Controls [J] 6. Procedia CIRP, 2014, 17: 830 – 834.

[99] SCHLECHTENDAHL J, KRETSCHMER F, SANG Z, et al. Extend study of network capability for cloud based control systems. Robert and Computer – Integrated Manufacturing, 2017, 43: 89 – 95.

[100] WANG L H, TÖRNGREN M, ONORI M. Current status and advancement of cyber – physical systems in manufacturing [J]. Journal of Manufacturing System, 2015, 37: 517 – 527.

[101] LEE E A. Cyber – Physical Systems – Are Computing Foundations Adequate? [C]. NSF Workshop on Cyber – Phys Syst: Research Motivation, Techniques and Roadmap, Austin, 2006: 1 – 9.

[102] CARDIN O. Classification of cyber – physical production systems applications: Proposition of an analysis framework [J]. Computer Industry, 2019, 104: 11 – 21.

[103] ROJAS R A, RAUCH E. From a literature review to a conceptual framework of enablers for smart manufacturing control [J]. International Journal of Advanced Manufacturing Technology, 2019, 104 (1 – 4): 517 – 533.

[104] WOO J, SHIN S J, SEO W, et al. Developing a big data analytics platform for manufacturing systems: Architecture, method, and implementation [J]. International Journal of Advanced Manufacturing Technology, 2018, 99 (9 – 12): 2193 – 2217.

[105] ZHUANG C B, LIU J H, XIONG H. Digital twin – based smart production management and control framework for the complex product assembly shop – floor [J]. International Journal of Advanced Manufacturing Technology, 2018, 96 (1 – 4): 1149 – 1163.

[106] SCHLECHTENDAHL J, KEINERT M, KRETSCHMER F, et al. Making existing production systems industry 4. 0 – ready: Holistic approach to the integration of existing production systems in industry 4. 0 environments [J]. Production Engineering, 2014, 9 (1): 143 – 148.

[107] LEE J, BAGHERI B, KAO H A. A cyber – physical systems architecture for industry 4. 0 – based manufacturing systems [J]. Manufacturing Letters, 2015 (3): 18 – 23.

[108] MONOSTORI L, KÁDÁR B, BAUERNHANSLCD T, et al. Cyber – physical systems in manufacturing [J]. CIRP Annals Manufacturing Technology, 2016, 65 (2): 621 – 641.

[109] BOTOND K, TERKAJ W, SACCO M. Semantic virtual factory supporting interoperable modelling and evaluation of production systems [J]. CIRP Annals Manufacturing Technology, 2013, 62 (1): 443 – 446.

[110] TERKAJ W, PEDRIELLI G, SACCO M. Virtual factory data model [J]. CEUR Workshop Proceedings, 2012, 886: 29 – 43.

[111] USLÄNDER T, EPPLE U. Reference model of industrie 4. 0 service architectures [J]. Automatisierungstechnik, 2015, 63 (10): 858 – 866.

[112] MA S Y, ZHANG Y F, LV J X, et al. Energy – cyber – physical system enabled management for energy – intensive manufacturing industries [J]. Journal of cleaner Production, 2019, 226: 892 – 903.

[113] DOMINGUES P, CARREIRA P, VIEIRA R, et al. Building automation systems: Concepts and technology review [J]. Computer Standards Interfaces, 2016, 45: 1 – 12.

[114] MORARIU C, MORARIU O, BORANGIU T, et al. Manufacturing service bus integration model for highly flexible and scalable manufacturing systems [J]. IFAC Proceeding, 2012, 14 (1): 1850 – 1855.

[115] ZHANG Y F, GUO Z G, LV J X, et al. A framework for smart production – logistics systems based on CPS and industrial IoT [J]. IEEE Transaction on Information Theory, 2018, 14 (9): 4019 – 4031.

[116] YE X, HONG S H. An AutomationML /OPC UA – based Industry 4. 0 Solution for a Manufacturing System [C]. IEEE International Conference on Emerging Technologies and Factory Automation, Torino, 2018: 543 – 550.

[117] CORONADO P D U, LYNN R, LOUHICHI W, et al. Part data integration in the shop floor digital twin: Mobile and cloud technologies to enable a manufacturing execution system [J]. Journal of Manufacturing Systems, 2018, 48: 25 – 33.

[118] NEGRI E, FUMAGALLI L, MACCHI M. A review of the roles of digital twin in CPS – based production systems [J]. Procedia Manufacturing, 2017, 11: 939 – 948.

[119] ROSEN R, WICHERT G, LO G, et al. About the importance of autonomy and digital twins for the future of manufacturing [J]. IFAC Papers OnLine, 2015, 48 (3): 67 – 72.

[120] WANG J, MA Y, ZHANG L, et al. Deep learning for smart manufacturing: Methods and applications [J] . Journal of Manufacturing Systems, 2018, 48: 144 – 156.

[121] LEE J, LAPIRA E, BAGHERI B, et al. Recent advances and trends in predictive manufacturing systems in big data environment [J]. Manufacturing Letters, 2013, 1 (1): 38 – 41.

[122] UHLEMANN T H J, SCHOCK C, LEHMANN C, et al. The digital twin: Demonstrating the potential of real time data acquisition in production systems [J]. Procedia Manufacturing, 2017 (9): 113 – 120.

[123] HOCHHALTER J, LESER W P, NEWMAN J A, et al. Coupling Damage – Sensing Particles to the Digital Twin Concept [R/OL]. NASA Center for Aerospace Information, 2014.

[124] WEN Z, ZUO H. A diagnosis method for aero engine wear fault based on rough sets theory and integrated neural network [J]. China Machinery Engineering, 2007, 18 (21): 2580 – 2584.

[125] LIGHTFOOT H, BAINES T, SMART P. The servitization of manufacturing: A systematic literature review of interdependent trends [J]. International journal of operations & production management, 2013, 33 (11/12): 1408 – 1434.

[126] QI Q, TAO F, ZUO Y, et al. Digital twin service towards smart manufacturing [J]. Procedia CIRP , 2018, 72: 237 – 242.

[127] XU X. From cloud computing to cloud manufacturing, robotics and computer – integrated manufacturing [J]. Robotics and Computer – Integrated Manufacturing, 2012, 28 (1): 75 – 86.

[128] PENNINGTON A, ALISON M A, SUSAN B M S. A framework for product data, knowledge and data engineering [J]. IEEE Transactions on Knowledge and Data Engineering, 1996, 8 (5): 825 – 838.

[129] SCHROEDER G N, STEINMETZ C, PEREIRA C E, et al. Digital twin data modelling with AutomationML and a communication methodology for data exchange [J]. IFAC Proceeding, 2016, 49 (30): 12 – 17.

[130] CHOI S, JUNG K, KULVATUNYOU B, et al. An analysis of technologies and standards for designing smart manufacturing systems [J]. Journal of Research of The National Institute of Standards and Technology, 2016, 121: 422 – 433.

[131] DRATH R, LUDER A, PESCHKE J, et al. AutomationML – the glue for seamless automation engineering [C]. IEEE Conference on Emerging Technologies & Factory Automation, Hamburg, 2008: 616 – 623.

[132] LUDER A, SCHMIDT N, ROSENDAHL R, et al. Integrating different information types within AutomationML [C]. IEEE Conference on Emerging Technologies & Factory Automation, Barcelona, Spain, 2014: 1 – 5.

[133] 张申申. 敏捷制造的理论、技术与实践 [M]. 上海: 上海交通大学出版社, 2000.

[134] 杨文通, 等. 数字化、网络化制造技术 [M]. 北京: 电子工业出版社, 2004.

[135] 杨叔子, 吴波, 胡春华. 网络化制造与企业集成 [J]. 中国机械工程, 2000 (Z1): 45 – 48.

[136] 程涛, 胡春华, 吴波, 等. 分布式网络化制造系统构想 [J]. 中国机械工程, 1999, 10 (11): 1234 – 1237.

[137] 张曙. 分散网络化制造 [J]. 机械与电子, 1998 (5): 3 – 6.

[138] 刘飞, 刘军, 雷琦. 网络化制造的内涵及研究发展趋势 [C] // 2002 年中国机械工程学会年会论文集. 北京: 机械工业出版社, 2002.

[139] 顾新建, 祁国宁, 陈子辰. 网络化制造的战略和方法 [M]. 北京: 高等教育出版社, 2001.

[140] 李健, 刘飞. 基于网络的先进制造技术 [J]. 中国机械工程, 2001, 12 (2): 154 – 158.

[141] 严隽琪. 数字化与网络化制造 [J]. 工业工程与管理, 2000 (1): 8 – 11.

[142] 范玉顺. 网络化制造的内涵与关键技术问题 [J]. 计算机集成制造系统, 2003, 9 (7): 576 – 582.

［143］范玉顺，刘飞，祁国宁. 网络化制造系统及其应用实践［M］. 北京：机械工业出版社，2003.

［144］李伯虎，张霖. 云制造［M］. 北京：清华大学出版社，2015.

［145］蒋志强，张海军. 先进制造系统导论［M］. 郑州：河南科学技术出版社，2016.